HANK YOU
THINK YOU
FOUND YOU
DRESS YOU
LEAVE YOU
I LIKE YOU
SEE YOU
MY BACK PAGES

SEE YOU
Have A Nice Life

朝からロック

後藤正文

朝日新聞出版

まえがき

この本は、僕が朝日新聞に連載している「朝からロック」というエッセイから、自分でも出来が悪いと思う原稿のいくつかを外して、テーマごとに並べ替えてまとめたものだ。

ロックミュージシャンである自分に連載の依頼が来たことには驚いた。他に相応《ふさわ》しい書き手がいるのではないかと思ったけれど、新しい文体を獲得したり、思ってから書くまでの時間のあり方を考え直したりできるのではないかと考えて、引き受けることにした。

結果的に新しい文体が獲得できたのかということについて考えるのは、とても難しい。

文字数や段組みによる制約があったので、自分がこれまでのエッセイや日記のなかでしてきた脱線や迂回を繰り返す書き方ができなかった。紙幅からはみ出ないようにシャープに書かなければいけなかったし、身内だけにしか使えない専門用語やスラングのような言葉が使えなかった。それによっていくらか余所《よそ》行きの、真面目な印象を受ける文体になってしまったことに気恥ずかしさがいくらかあるけれど、パブリックな場で書くことについて考える機会を得られた。

思ってから書くまでの時間については、感じることがたくさんあった。

新聞では、インターネットに書き殴るようには、思ったことを直線的に表すことができない。数日間、原稿について考え、文章を書き、推敲する。編集者に送って互いの意見を述べ合う。ときには校閲者から事実についての訂正や懸念すべき点などが提案される。そうやってゆっくりと(とは言え、毎週連載時は目まぐるしいスピードだと感じたけれど)自分の文章は新聞社の編集スタイルのなかで練り上げられていった。時間だけでなく、文化的なフィルターを通過しているようにも感じた。出版社や新聞社、あるいはフリーランスの編集者との関係のなかで、そうやって文章が濾《こ》されていくことは、案外、大事な作業なのではないかと再確認した。

以前、宮沢賢治《みやざわけんじ》の『銀河鉄道の夜』を編集、リミックスしたことがある。『銀河鉄道の夜』は遺稿なので、編集者の手が入っておらず、原稿に欠損があると言われている。剝き出しの生の原稿だと考えると有り難みを感じるが、重複表現なども散見されて、決して読みやすいとは言えないと僕は思う。不遜にも、ビートルズの未発表楽曲を再録音するようなことに挑戦したのだった。

自分と宮沢賢治を比べるわけではないけれど、そんなことを思い出した。書くということは思っているよりも、個人的なことではないと思う。書いた側から読むという行為が付随してしまって、書き手としての自分はすぐに読み手になってしまう。分裂してしまう。すべてを自動操縦にまかせて、破滅的でもいいから読まずに進んでしまえ、とはいかない。今も読んでいる、もうすでに。

生まれてこのかた意識したことがなかったけれど、この人生のどこかで、僕は読み手になった。そのときにはじめて、僕は書き手になったのだと思う。書いていないものは読みようがないが、読めなければ書けない。何を書いているのかと訝しがる人もいるかもしれないが、とても大事なことではないかと直感している。

読むことが重要なのは、僕だけでなく、いろいろな人が指摘していることだ。図書館や書店に行くと、その圧倒的な情報量に絶望するけれど（一生かけてもすべての書籍を読めない）、これだけの本を読みつないでいるひとがいることに安堵する。岩波書店や平凡社の文庫本の棚の前に立つと、そうした思いは確信のように太くなって、多くの名著を現代に残してくれた読み手たちの層の厚みというか、営みの連続というか、連綿としたつながりに感動して「日本語に生まれてよかった」と思う。

連載にあたっては、友人知人のお母さんたちから熱烈な賞賛と応援を受けた。

これまでは「僕のパートナーが大ファンで」という喜んでいいのか、あなたはどうなのかと問いただしたい言葉を面と向かって伝えられる機会が多かったが、それらが「うちの母が連載のファンで」という言葉に置き換わった。照れ臭い気持ちもあったけれど、これまでと違う角度で自分の言葉が届いている証だと思った。先に書いたような、ネット上での直線的な言葉のやりとりとは別のところで、自分の言葉が何らかの意味や働きを獲得する瞬間を想像した。そうした新しい読み手を信頼することが、事実もフェイクも並列な情報の海のなかで受ける誤解や誤読による精神的な疲弊から、僕を引き離してくれた。

そして、読み手を信頼するなかで、自分は無関係でひとかけらも罪がないという立場から断言することに強烈な違和感を感じるようになった。

いわば出鱈目のなかを無軌道に進むなかでどうにか光るものがいくつか見つかり、幸運と好縁によってなんとか立っているようなロックミュージシャンが、偉そうに何かを書くことの滑稽さは十分に自覚していた。「世直ししたい」みたいな尊大な言葉をひとかけらも心中に持ってないと書けば嘘《うそ》になるが、より良い社会を望むのならば、まずは自分がその一部にならないといけないという気持ちのほうが大きい。

眼前のニュースへの憤りの奥に、無関係だとは思えない自分の人間としての欲深さだとか、それまで意識してこなかった浅薄な思考だとか、ありとあらゆる薄暗い何かが転がっていて恥ずかしい。恥ずかしいということを認めると、今さら恥ずかしいと思っていることのほうが恥ずかしいと言われたり、恥ずかしいと人前で認めること自体が恥ずかしいと躊躇《ちゅうちょ》してしまったり、という感じで、恥ずかしさが様々な方向から湧き上がってきて途方にくれそうになる。けれども、人前で自作のロックソングを歌ってみせることに比べたら、飛び越えないといけない恥ずかしさのハードルはむしろ低く、社会的にも意味があることなのではないかと思う。

ここ数年はずっと恥ずかしい。

すでに顔は真っ赤で鏡を見るのも恐ろしいけれど、かつての自分が恥ずかしいのは、社会が良い方向に変わっていく証だと思う。

ロックミュージシャンとしては、社会に向かってブチキレているほうが「ロックだね」と言ってもらえるのだろうけれど、別にロックじゃなくていい。朝からロックなんてしなくていい。俺は恥ずかしさのなかで、これからもトボトボと書きたい。途方に暮れながら歩みたい。

朝からロック／目次

第1章 ひとりゴチる

〈日々の章〉

第2章　ある日、どこからともなくやってきて

〈コロナの章〉

第3章　良い音楽家は奏でる前に、聴く

〈ロッカーの章〉

第4章　どん底から、未来を見ている

〈世の中の章〉

第5章　誰かの語りに、そこにあるひとことに
〈言葉と本の章〉

第6章　ここに生まれて、暮らしているから
〈日本人の僕の章〉

第7章　そもそも僕たちはいつだって傲慢だ

スタイリング　岡部みな子
ヘアメイク　秋月庸佑
写真・ブックデザイン　鈴木成一デザイン室
企画協力　小川克久・仙石陽子（スペクトラム・マネージメント）
編集協力　定塚　遼・岡田慶子（朝日新聞社）
校閲　くすのき舎
衣装協力　ＳＴＯＦ（ＴＥＬ：０３-６８０９-０４６４）

朝からロック

第1章
ひとりゴチる
〈日々の章〉

町を歩くと、つい無意識に「変な人」を探してしまう。変わったおじいさんを見かけると、老いた先の自分の姿を想像して、無関係だとは思えない。果たして、この人は他人なのだろうか。いや、どちらかといえば、自分と同じチームのメンバーではないかと感じる。

そもそも「変」とか「おかしい」って何だろう？　おかしいと思っている自分の方がおかしいのかもしれない。

歳を重ねるごとに、世間からは奇異の目で見られていそうなおじいさんたちのことを笑い飛ばせなくなってきた。彼らがその奇矯さを発露するまでにこじれてしまった経路と、自分の暮らしとの間には、地続きの問題が転がっているのではないかと思う。

若い頃は全然そういうことを気に留めなかった。他者の困難に対する想像力が足りなかったとも言える。そうした無神経さで、誰かを傷つけてしまったこともある。

考え方の変化には、自分が批評の対象になったことが関係しているのかもしれない。想像というよりは妄想をもとにしたような、心ない言葉を投げつけられた記憶もある。自分がされて嫌なことだから深読みする、と書くと利己的に感じるけれど、自分の体験をもとに他者の行為の背景を考える癖がついてきたのかもしれない。

考え方だけではなく、身体も変わった。

老いというのは強《したた》かで、どんなに逆らっても身体とイメージとの距離は開くばかりだ。全力で走ろうとするだけで、足がもつれてしまう。野球をやっていた10代の頃のイメージで走れば、大きな怪我をするだろう。

身体とイメージのすりあわせは大事だと思う。加齢によって、自分の身体の現状と身体についてのイメージが乖離《かいり》していくことを忘れるのは、とても危険なことだ。アンチエイジングというよりはもっと自然な向きで、自分の身体を捕まえたいと思う。

ここ10年ぐらい、のんびりと合気道の稽古を続けている。幼少期に柔道を習っていたこともあって、武道にはずっと興味があった。大人になって、ふと習い事をしたくなったときに頭に浮かんだのが合気道だった。格闘技や筋トレには、どうしてか気持ちが向かない。筋骨隆々のマッチョな感じに頼らずに、自分らしく心身を鍛える方法があるのではないかと思った。

合気道の稽古を通じて感じたのは、呼吸の大切さだった。自分がどのように呼吸をしているかに意識を向けていくと、心が整う。身体に対する感覚も鋭敏になるように感じる。本業のために通っているボイストレーニングも似たようなところがあって、歌うことの根本をたどると呼吸の話になる。たかだか息をするだけの話だけれど、驚くほどの変化を感じることができる。

息を吸って吐く。生き物として、根源的なことだと改めて思う。

僕の牛丼で練習してください

スタジオでの作業に熱中し、自分の空腹に気がついた時には午後2時だった。

飲食店が混み合う時間を過ぎた牛丼チェーンは客もまばらで、そうした時間を利用してか、カウンターの奥では、僕よりも年長とおぼしき中年の男性店員が研修中の名札をつけて、牛丼の盛り付けの訓練を受けている様子だった。

中年の男性店員はこれまで一度も料理をしたことがないというような手付きで、1杯の牛丼の完成に手間取り、ジャーやら鍋やらの前でまごついていた。隣では20代半ばとおぼしき店長が、上からでも下からでもなく、淡々と事務処理を行うようなテンションで「違います」と何度も中年店員に告げていた。そんな研修風景を眺めながら牛丼が提供されるのを待っていたところ、店内にいた数人の客のうちのひとりが大きな声で叫んだ。

「俺の牛丼で練習するんじゃねえ」

虚をつくような声量と内容に店内の誰しもの動きが止まり、有線放送の音楽だけが悲しく空中に取り残されたようだった。

一瞬の間を置いて店長が客に詫《わ》びを入れ、新しく牛丼を作り直した。

味音痴の僕ならば、店長が作った牛丼と中年店員が練習で作った牛丼の味の違いが分からないだろう。ところが、自意識が邪魔をして、「僕の牛丼で練習してください」と名乗り出ることができなかった。

2017.9.20

唐辛子いりませんか？

知人からもらった唐辛子の種をまいたところ、いくつかの種が発芽してすくすくと大きくなった。そのなかから、たくましい株を選び、ふたつのプランターに分け、夏前から世話をしてきた。

残暑を感じられなくなった頃合いに花が咲き、しばらくして実がなった。

発芽以来、唐辛子の葉には虫ひとつ寄りつかない様子だったが、花が咲いた途端にアブラムシがたくさんやって来て驚いた。そして、花が散り実が膨らみはじめる頃になると、アブラムシは姿を消してしまった。

我が家の環境によるものなのか、唐辛子のしたたかな性質によるものなのかは分からないが、とても面白いことだと思った。

朱色に熟れた実はひとつずつ収穫して、台所の皿の上に放置している。いつのまにかカラカラに乾いて、ほれぼれするくらい美しく濃い赤色になる。

乾燥した実のへたを取り、グリグリと揉んでみたところ、なかから30粒ほどの種が採れた。数年で自宅付近を唐辛子農園に変えられるほどの増殖率に驚くとともに、とても嬉しい気持ちになった。これが農業の喜びなのかもしれない。

問題は、辛い食べ物があまり得意ではないという事実だ。育てれば育てるほど、行き場のない乾燥唐辛子が台所に積み上がってゆく。引き取り先を探している。

2018.11.28

雨の日の音

ミュージシャンになってから楽器や機材などの大きな荷物を持ち運ぶことが増えたので、雨の日が嫌いになった。楽器や機材の多くは水に弱いし、なにより雨風はコンサートの機会をときどき奪う。

高校生の頃は野球部に所属していて、雨が降ると練習が中止になって嬉しかった。今とは逆に、雲の厚さと心の晴れやかさが正比例の関係だった。

日本のレコーディング・スタジオのほとんどは窓のない密室なので、作業に没頭している間に、帰宅をためらうほど天候が悪化していることがある。そういう場合は、同時にタクシーもつかまりにくくなるので、最寄りの駅や自宅まで徒歩で移動することになる。現在では楽器や機材を預けられる倉庫や専属のスタッフを得たけれども、相変わらず、雨でゆっくりと冷たくなるスニーカーと一緒に心も沈んでゆくような気がする。

最近は耳が変わってきたのか、雨がポツポツと傘を叩《たた》く音が好きになってしまった。不規則な変化に意識を集めると楽しい。自動車が濡《ぬ》れた路面を進んでいくときの音や、雨音の奥に感じる街の静けさにも魅力を感じるようにもなった。

そうなると雨降りも憂鬱《ゆううつ》ではなくなって、街を流れる水の音を聞く絶好の機会になる。濡れそぼったスニーカーを全面的に愛せはしないけれど、雨天も悪くないなと思う。

2017.5.10

いつか、この落ち葉のように

自宅近所の桜並木を散歩していたところ、赤や黄色の落ち葉に目を奪われた。

花を見ながらの宴会は寒いので嫌いだし、葉に大量の毛虫が発生することもあるので、桜並木のことがそれほど好きではない。偏屈な僕は、一斉に咲いた花びらがはらはらと散る瞬間だけが切なくて美しいのだと頑《かたく》なに思っていた。

ところが、落ちた桜の葉は様々な色合いで、鮮やかな黄色のものもあれば燃えるような赤色のものもあり、なかには虫に食われて黒ずんだ葉もあったが、がさっと手にすくってみると、その一かたまりから何とも言えない豊かさを感じた。

中高年の人たちが、こぞって京都や日光のような紅葉スポットに出かけて行く風習を、「枯れた葉っぱだよね」と冷ややかな目で見ていたけれど、何も見ていなかったのは自分だったのだと恥ずかしくなった。

老いるということが、こうした些細《ささい》な美しさに気づくということとイコールであるならば、じいさんに向かって年老いていくのも悪くないと思う。

気がつけば４１歳。アニメ『元祖天才バカボン』のエンディングテーマで歌われているバカボンのパパと同い年になってしまった。

「これでいいのだ」と独自の視点を持って超然と歩むには、まだまだ経験が足りない。せめて、いつか地面に豊かさの一部として降り積もる日を思って生きたい。

2017.12.6

お酒と危機感

お酒を飲むと自分の頭のなかの様々な部分が弛緩《しかん》してしまう。飲んでいるときの記憶を明瞭にとどめておくことは随分前に諦めたけれど、最近では宴席での会話中に、大好きなロックバンドなどの固有名詞がさっぱり思い出せなくなり、危機感を持つようになった。

元来、自分の知的な能力には限界を感じている。数字にも弱いし、読書をするのにも時間がかかる。にもかかわらず、毎晩、飲酒によってダルダルに脳を緩ませていれば、ピンと張り詰めたい場面でも脳が弛緩したままになり、いつか残念の塊のようになって溶け落ちてしまうのではないか、という不安がある。

ゆえに飲酒を控えたい。

けれども、夕方になると、頭ではお酒を飲むまいと考えているのに、口と喉《のど》の境目あたりから苦い炭酸飲料を所望する信号が発せられて、それにあらがうことが難しい。気がつくとコンビニで会計を済ませている。

同じような嗜好品《しこう》に分類される喫煙は13年前にやめることができた。たばこを擬人化して、タバ子という女性との許されざる恋愛が終わったのだと自分に言い聞かせたところ、1カ月くらいですっかり忘れられた。

現在では受動喫煙はおろか、喫煙可能な客室に長居できないくらいだ。

お酒もたばこと同じように、きっぱりとやめられたらいいのだけれど。

2017.7.12

ボラの反撃

苦手だった食べ物が、いつのまにか好物になってしまうという経験をしたことのある人は、案外に多いのではないかと想像する。

例えば、からすみ。

僕はボラという魚に対して良い印象を持っていなかった。東京湾の運河に大挙して押寄せたり、海面から突然に跳び上がったりする下魚《げざかな》というイメージを持って忌避していた。ゆえに、ボラの卵巣がおいしいわけがないという偏見をギチギチに脳に詰め込んで生きてきた。

ところが、日本酒を飲むようになってから、からすみに対する印象がガラッと変わった。好物と呼べるようになってしまったのだ。

先日もスーパーマーケットで真空パックのからすみを見つけた。お酒と一緒に楽しもうと、買い物カゴに放り込んで会計を済ませ、スキップで家に戻った。

夜になってパックをあけ、適当にスライスしてから薄皮をむいた。魚卵らしさを濃縮したような、ギリギリで悪臭に転落しない良い匂いを嗅ぎながら、日本酒を湯のみに注いだ。日本酒と共に広がる濃厚なからすみの味わいを楽しんでいると、口の奥でギャリッという金属音がした。慌てて異物を吐き出すと、歯の詰め物だった。キャラメルやガムならまだしも、からすみにそうした粘着力があるとは夢にも思わなかった。

右の頬をさすりながら、僕はボラを恨んでいる。

2018.9.26

「気づけば、監督」への自戒

サッカーのワールドカップ、ロシア大会が今週から始まる。

サッカーなどのチームスポーツの面白いところは、誰でも監督やコーチの目線で観戦できるところだ。テレビ中継がある場合には、消費者の立場で友人や家族と感想を述べ合える。これがとても楽しい。

日本代表の選手は、様々な町の「数十年に一人の天才」だ。地域によっては、二度と現れないような傑物《けつぶつ》だろう。選《よ》りすぐりの才能が集まって競技しているところを無料で見物しながら、一生かかっても同じようにボールを操れない人間が勝手なことを言う。冷静になって考えると、なんだか申し訳ない気分になる。

労働者ではなく経営者の立場から、無責任に社会や経済を語る人には嫌悪感を持つのに、サッカーを語るときには躊躇《ちゅうちょ》なく監督の立場に立つ自分への違和感も同時に湧き上がる。サッカーだけではなく、多くのスポーツ観戦でも同じことが言えるのではないかと自戒する。

そうした後ろめたさをすっかり忘れて、僕は試合の結果に一喜一憂し、怒ったり泣いたり、拳を突き上げたり、深いため息をついたりするのだろう。過去の大会もそうだった。

4年に一度のぜいたくな体験だと心から思う。

選手たちには、誰のためでもなく自分のために、競技を楽しんでほしい。

2018.6.13

高校球児だった僕は

毎年、夏が来ると高校球児だった頃の自分を思い出して、なんとも言えない気持ちになる。

高校1年生の冬休みに、僕は野球部を退部した。

高校生活を謳歌《おうか》している友人たちを横目に、曜日に関係なく夜遅くまで白球を追いかけている自分に疑問が湧いた、と書けば格好もつくけれど、自由な時間を過ごしている高校生がうらやましいだけだった。

それから半年間、遊ぶだけ遊んで、高校2年の夏の地方大会の直前に、もう一度野球がしたくなった。反省の意を表すために、最も短く設定したバリカンで頭髪を刈り上げて、監督室に謝りに行った。新チームになるまで選手としての登録がないこと、部員たちの許しを得ることが復帰の条件だった。同級生たちのそれぞれがどう思っていたかは分からないけれど、彼らは僕の復帰を認めてくれた。

それから僕は、半年間のブランクを取り戻すことができずに、卒業までベンチウォーマーだった。世間一般で共有されている高校球児の爽やかなイメージとは反対の、嫉妬や挫折感にまみれた、青い春の底に沈殿した残滓《ざんし》のような高校球児だった。

甲子園球場で行われる大会は、高校野球の最も華やかな部分だ。僕にはまぶしすぎる。全国各地の補欠部員たちは、どんな気持ちでこの夏を過ごすのだろう。

2017.7.19

スイムキャップの小学生

この季節はジメジメとしていて、仕事場に行くのも億劫《おっくう》になる。

意を決してスタジオに徒歩で向かっていると、小学校帰りの男児が傘を差さずにひとりで歩いていた。

変わった形の帽子をかぶっていたので注目すると、スイムキャップだった。学校帰りにスイミングスクールにそのまま向かうというような雰囲気で、キャップの上には競泳用のゴーグルまで装着されていた。

　雨が降ったりやんだりして、不安定な天気が続いている。どうせ濡れるのだから、いっそのこと水着に着替えてしまえと、そのままプールに飛び込めるように海水パンツを装着済みなのかもしれない。あるいは、スイミングスクールが楽しみで、待ちきれなくなってしまったのだろうか。

　そんなことを妄想しながらニヤニヤしていると、ふいに男児が振り返って目があった。その瞬間の彼の表情は朗らかだったけれど、朗らかなままフリーズして、「ヤッベ」みたいなリアクションの後で少しずつ曇っていった。そして、彼は勢いよく走り出して歩道橋を駆け上がり、僕の居るところからは見えなくなった。

　変なおじさんだと思われたのだと思う。誰にも釈明できない状況に取り残されて、笑ってしまった。

　自分を眺めてニヤニヤしている見ず知らずのオジさんを忌避した男児の選択は間違っていない。

2018.6.20

空気がヌメる夏

毎年のように「記録的な暑さ」という言葉を聞いている気がする。

いつのまにか、夏の暑さに対する心構えができあがってしまって、こんなものだろうと酷暑を受け入れてしまう。そうした毎年の夏の暑さに対する覚悟を突き抜けて、今年の夏はとても暑い。信じられないくらいだ。

先日、午後2時過ぎに屋外へ出かけたところ、ドアを開けるなり温水のなかにいるような気分になった。ヌメッとした空気が腕先に絡みついて、思わず平泳ぎのように空中を手で掻《か》いてしまった。

茹《ゆ》でられている蛙《かえる》のような珍妙な動きで駐車場まで行き、車のドアを開けると、車内は何らかの調理器具を思わせるくらいに暖まっていた。座席に座ると、普段はほとんど汗をかかない自分の体から、ドワッと汗が噴き出した。

駅のロータリーでは、ぐったりとした老婆が担架で運ばれていた。思えば、毎日のように熱中症のニュースを見かける。不幸な事故も多い。

僕が子どもの頃は、信じられないことに、運動中の水分補給は根性のなさを表す悪行で、スポーツ界の非常識でもあった。今では運動中の水分補給が当たり前になったように、夏の暑さとの付き合い方も根本から変えていく必要があるのかもしれない。

例えば、暑い日は仕事や学校を休みにするとか。

2018.8.1

「破格」に飛びついた僕の末路

最近は、携帯アプリで中古の楽器や録音用の機材を売買できるようになった。楽器や機材との一期一会の出会いを求めて、旅先の街の楽器店に寄ることはやめられないが、検索するだけで欲しいものを見つけられる時代になった。

先日も、携帯アプリを使って珍しい機材や楽器を探していると、1980年代に鈴木楽器製作所が製造していた、オムニコードという電子楽器がいくつか出品されているのを見つけた。

状態や価格を見比べていると、破格の値段でオムニコードを出品しているアメリカ人を見つけた。初心者用の楽譜とデモンストレーションの演奏を収めたカセットテープだけでなく、ソフトケースもついていた。

好機を逃すまいとすぐに注文した。誰よりも先に見つけたという優越感でいっぱいだった。「楽しんでね」という出品者からの丁寧なメールが嬉しかった。

数週間後、大きな段ボールが届いた。外側に読みやすい字で「気をつけて運んでください」という英語が書いてあった。楽器への愛を感じて感動した。

わくわくしながら箱を開けると、どこにも楽器が見当たらなかった。過剰に詰められた緩衝材の奥底に、楽譜とカセットとソフトケースが静かに横たわるのみだった。

「詐欺だ」と憤慨して注文履歴を見返すと、備品のみである旨がはっきりと表記されていた。

2018.10.10

賞味期限イヴの豚肉

自宅の冷凍庫の奥で、賞味期限を過ぎた残飯として発掘される日を待っていた豚肉を見つけた。

期限ギリギリいっぱいの放置を豚肉に詫びながら、ブロッコリーなどの野菜と一緒に熱湯に放り込み、しゃぶしゃぶにして食べた。とてもおいしかった。

さて、ゆで汁を捨てようかと鍋の柄に手をかけると、汁の表面には豚肉から出た脂が散らばってキラキラと光っていた。そのキラキラに後ろ髪を引かれて、捨てるのがもったいないような気持ちになり、オタマですくって飲んでみると、ゆで汁でもあるがスープの端くれでもある、というような風味が口に広がって鼻から抜けた。

捨てようとしたことを汁に詫びながら、粉末のチキンブイヨンと塩、溶いた卵を回し入れて卵スープを作った。なかなかおいしかった。

翌朝、今度は消費期限の土俵から片足の出かかった中華麺に詫びを入れながらゆで、丁寧に湯を切って、前日に作った卵スープのなかに放り込んで食べた。

麺を入れたら近所のラーメン屋よりもおいしいのではないか、というような思い上がりが俺にはあった。ところが、ラーメンの汁として、卵スープは絶望的に塩気が足りなかった。仕方がないのでゴソッと塩を足した。

健康のことを考えると、最後に残った汁は飲み干せなかった。

2017.9.6

パイタン健康法

30代の後半を過ぎてから、体力の衰えを感じることが増えた。運動、代謝、回復など、様々な身体の機能や、そのスピードが徐々に落ちていると実感する。例えば、「筋肉痛が2日後にやってくる」というステレオタイプな老化現象も、その通りに体感した。

老い。そう書くとなんだかずしりと重い。

けれども、生まれてから死にゆくときまでを一つの直線だと考えれば、成長と老化を完全に分化することはできないのではないかとも思う。

いつか訪れる死に向かって、不可逆の道を歩んでいるのだから、深刻な気持ちになる必要はないと開き直って、自分に言い聞かせる。

ところが、やはり自分自身は可愛いもので、なるべく身体を「老い」から逃がしてあげたい、健康でありたい、長生きしたい、と願ってしまう。

雑誌や書籍に健康法を紹介する文章があれば読み、あれこれ試す。たまたま手にした雑誌には「毎朝、白湯を飲め」という見出しがあった。朝から白濁した鶏スープを飲むとは、なんとハードルの高い健康法なのだと驚愕《きょうがく》しながら読み進めたところ、白湯は「パイタン」ではなく「さゆ」だった。

自分の間抜けさに脱力しながら、体力から知力へと興味を移していくべきだと思った。

2017.11.15

悩み損の厄払い

今年は本厄だ。

本厄の前年には前触れがあるという記事を読んだことがある。昨年1年のことを思い出してみると、それなりに悲しい出来ごとや体調不良などがあった。それらが本格的な災いとなって身に降りかかってくるのかと思うと恐ろしい。

初詣や成人式のシーズンが過ぎるのを待って、厄払いに出かけようと思った。

ところが、以前に家族の付き添いで大きな神社へお払いに行ったところ、すべての参加者の住所氏名が読み上げられていたことを思い出して不安になった。神様にとって我々参拝者の住所など他愛もないことかもしれないが、個人情報の取り扱いは慎重にしなければならない時代だ。僕のような職業の場合は、知らない人が訪ねて来るなど、何かと面倒に巻き込まれる可能性がある。匿名希望ではダメだろうか。

ウジウジと悩んでいたところ、親鸞《しんらん》が残した和讃《わさん》を意訳した「悲しいことに僧侶や民衆は、何をするにも日の良しあしを気にして選んだり、また天の神、地の神をあがめて、占いやまじないにいそしんでいる」という言葉を読んだ。

聖人《しょうにん》に俗習と喝破されるとは心強い。さらに心の不安を取り除くべく、インターネットで厄年の諸対策について調べてみると、大変な事実が発覚した。

なんと、僕の本厄は2017年だった。

2018.1.10

朗らかな体

『胎児のはなし』（増﨑英明《ますざきひであき》・最相葉月《さいしょうはづき》著、ミシマ社）という本を読んだ。なかなか知る機会のない胎児にまつわる医療や科学の話を、対談形式で記したとても面白い本だった。

なかでも興味深かったのは、胎児の表情について書かれている章だった。

著者のひとり、医師の増﨑英明さんは、胎児を観察してきた経験から「表情の起源は感情じゃない」と話す。胎児はぐるぐると表情を変えるが、そこに思念や感情はなく、まず表情があり、生まれた後に感情が意味づけされていくのだと増﨑さんは続ける。

確かに、言葉を知らない胎児が「楽しい」「悲しい」といった感情を、言語化して理解することは不可能だろう。もしかすると大人たちも、あらゆる感情より先に体が反応しているのかもしれないと思った。

数年前に、武術研究家の甲野善紀《こうのよしのり》さんから、緊張のほぐし方を教わった。両手の薬指同士をかけて肩の力を抜き、おなかの前で軽く揺するだけで驚くほど冷静な気持ちになれた。頭で考えるより先に体が何かを恐れて固まるので、あるべき姿勢にもどすための動作なのだという。

残りの人生を、できるだけ朗らかに暮らしたい。そのためには、朗らかな体が必要なのかもしれない。自然と笑みがこぼれた後の、あの感じ。そんな体でいられたらと思った。

2019.4.17

深夜のコンビニ

深夜のコンビニへ買い物に出かけた。

駐車場に車を止めて入り口へ向かってゆくと、暴走族風の改造バイクが止まっていた。ハンドルの間から角のような部品が突き出たバイクの脇には、数人の少年がたむろしていた。絡まれるのが怖かったので、避けるでもなく近寄るでもない絶妙な距離を保ちながら、彼らの脇を通って店に入った。

店内は仕事帰りのサラリーマンや学生で混雑していた。にぎやかな雰囲気のなかで買い物をするうちに、改造バイクの少年たちに対する警戒心が不思議と和らいでいった。

和らいだついでに彼らを観察してみたところ、バイクこそ威圧的なフォルムだが、彼らからは他者への暴力的なフィーリングは感じられなかった。不良少年ではなく、明るい青年の集いに見えた。

買い物を済ませて車に戻ると、何者かの視線を感じた。気配の先にはレトロな外国産の車が止まっていた。運転席には高齢の男性がぽつんと座っていて、こちらをにらみながらブツブツと何かを呟《つぶや》いていた。

暗くて最初は気がつかなかったが車はかなり傷んでいて、運転席側のボディーの端から端に、車ごと何かにガリガリと擦《こす》って塗装をこそげ落としたかのような傷痕が伸びていた。

コンビニの明かりに照らされた風景。様々なコントラストについて考えながら帰宅した。

2018.5.30

孤高の横綱

横綱白鵬《はくほう》が引退した。

プロのミュージシャンとしての生活をスタートさせた頃は、町の練習スタジオに集まって仲間たちと曲作りをする以外にほとんど仕事がなかった。午前中から近所のスタジオへ行き、夕方には自宅に戻るという日が多く、夕食までの時間を持て余す生活のなかでテレビの大相撲中継を熱心に観《み》るようになった。

妙に目に留まったのが白鵬だった。しなやかな体つきが印象的だった。上位に定着するにつれて、しなやかさに力強さが加わり、みるみる体が大きくなっていくのが分かった。

立ち合いの踏み込みから左の前まわしを取る相撲が好きだった。彼が鮮やかに相手の前まわしに手をかける度、テレビの画面に向かって「入った」と大きな声をあげた。白鵬の活躍を追いかけながら、僕は大相撲の大ファンになっていった。

２００８年の初場所、千秋楽の朝青龍《あさしょうりゅう》戦は忘れられない一番だ。大相撲史に残る一瞬を目撃しているという実感があった。

ここ数年の白鵬はどんな境地だったのだろう。孤高とも言える強さのなかに、痛みや悲しみを感じることも少なくなかった。

しばらくは、これまで背負ってきた様々な重荷を下ろして、身も心も休めてほしい。素晴らしい成績だけでなく、諸問題に揺れ、空席が目立った大相撲の苦境を支えた横綱であったことを僕は忘れない。

2021.10.6

マンハッタンに包まれて

１０年ぶりにニューヨークへ行った。

はじめてマンハッタンに滞在したときは、通りのあちこちに足場が組まれていて、工事の多い時期に来てしまったのかと思った。しかし、よく観察してみると、古い町並みを残しながら、店舗などの中身を入れ替えているのだと分かった。やたらと壊さないところが、この町のおおらかな美学なのだろうと感じた。

今回も相変わらず、どこもかしこも工事だらけだったが、新しい建物が増えて、町の中心部が明るくなっているように感じた。行き交う黄色いタクシーもいくらか様変わりして、ＳＵＶのような背丈の高い車種を多く見かけて新鮮だった。

宿泊先の近くのタイムズスクエアでは、多くの通行人の真ん中で、ニプレスを貼りつけて乳を放り出したような格好の老婆がギターを抱えて熱唱していた。

通りの反対側では、白いビキニパンツの大男が白いテンガロンハットをかぶって、自作のＣＤを配り歩いていた。田舎町なら警察に連れて行かれるかもしれない。

けれども、大都会の雑踏は朗らかに、彼らの強烈な個性を包み込んでいた。通りには、様々な国から様々な人が集まり、日本から来た小男である僕も、特別な自意識に縛られずに、多様性の一要因として町に溶け込むことができた。

大都会の魅力は、こうした包容力にあると思った。

2018.10.24

下北沢の輪郭

久しぶりに下北沢の町をゆっくりと歩いた。

学生の頃、どうにかして自分のバンドを世に知らしめたいと思い、東京のライブハウスの出演オーディションをいくつか受けた。いずれも下北沢のライブハウスだった。

横浜の外れに住んでいた僕にとって、下北沢はロックや演劇などの文化が盛んなだけでなく、おしゃれな古着屋もたくさんある憧れの町だった。新宿でも渋谷でもなく、下北沢を選んだのはそのためだった。

メジャーデビューをして、全国ツアーをするようになってからは足が遠のいていた。年に一度か二度、リハーサルや友人との食事で立ち寄るのみで、散策するような機会はめっきりと減っていった。

数年前に小田急線の線路が地下に移設されたときには驚いたが、知らない間にテナントが入れ替わる以上の変化が町に起きていて、所々でごっそりと建物がなくなっていた。雑多でつかみどころのなかった町の輪郭が、分かりやすい実線に置き換わっているような印象を受けた。町の弾力が少し減っている気がして、寂しくなった。

知人が経営する飲食店をたずねると、以前は何を言っているのか良く分からないバンドマンという印象だった彼が、落ち着いた口調であいさつをしてくれた。人懐っこい輪郭は変えずに、姿勢と表情だけが凜《りん》として、素敵だと思った。

2018.11.14

生まれた日をふりかえる

出版社の企画で、自分が生まれた日の新聞を読む機会があった。

紙面の多くはロッキード事件後の衆議院議員選挙に割かれていた。自分が選挙期間中に生まれたことを、はじめて知った。

経済面の小さな記事では、電卓生産の落ち込みが紹介されていた。前年の生産数は3004万台。僕が生まれた1976年は業界の予想を400万台下回る、4100万台にとどまる見込みだとされ、「業界が転換期を迎えた」と書かれていた。

スマートフォンやパソコンが普及した現在から眺めれば、数千万台の電卓がたった1年で生産されていることは異常に映る。一方で、今年の世界のスマートフォンの出荷台数を約12億台と予測する記事をネットで見つけた。40年後の未来から、現在はどんなふうに見えるだろうか。

僕が生まれた年に作られた電卓を修理しながら使っている人はほとんどいない。ハタチの頃に持っていたPHSは存在すら忘れられてしまった。5年前に買ったスマートフォンを不便だと感じて、僕は今年、新製品を購入した。

　12億台のスマートフォンも早晩ゴミになる。大量生産と大量破棄の規模と速度を上げながら、僕たちはこれ以上、どんな便利を望むのだろうか。誰でも考えつくようなシンプルな問いだが、僕も含めて、何十年も回答を先送りにし続けている。

2020.12.16

親にとっては最高の笑顔でも…

年齢のせいもあるのか、ここ数年、友人がフェイスブックやインスタグラムなどで投稿した子どもの写真を見る機会が増えた。そのどれもが幸せそうな風景で、頬を緩ませながら眺めている。

　僕が子どもだった30年前には、インターネットはおろか携帯電話すら一般の家庭には存在しなかった。ゆえに、写真と言えばフィルムから現像したもので、撮影したそばから誰かに見せるという発想そのものがなかった。美しい風景や楽しい思い出、様々な感慨を写真と共に残し、仲間たちとシェアする楽しみはフィルムの時代にもあったが、現在の即時性と開かれ方には驚くばかりだ。その楽しさもよく分かる。

　けれども、30年前にこのようなサービスがなくてよかったとも思う。親にとっては最高の笑顔でも、いまの自分には群れからはぐれたニホンザルにしか見えない、というような齟齬《そご》が生まれるのではないかと想像するからだ。

幼少期のことはほとんど覚えていない。古い写真を眺めながら、過去の自分と対面できる機会があるのは嬉《うれ》しい。しかし、それが公共のサービスに公開されていて、誰でも閲覧できるとなると話は別だろう。

顔を真っ赤にして、写真の削除やアカウントの閉鎖を両親に呼びかけている自分の顔が思い浮かんだ。

2017.10.11

自分に聞こえる音

柳沢英輔《やなぎさわえいすけ》さんの『フィールド・レコーディング入門』（フィルムアート社）という本を読んだ。録音スタジオ以外の場所で音や音楽を収録するフィールド・レコーディングの実践だけでなく、録音に関する様々な視座が紹介されていて面白かった。

街の雑踏や自然の音などをありのままに記録した作品であっても、客観的な音楽とは言えないと柳沢さんは綴《つづ》る。何をどのように録音するのかという選択を含めて、録音者の視点や思想、価値観、録音対象との関係性などが録音内容や作品に反映される。ゆえに中立的でも匿名的でもないという言葉にはっとする。

また、耳で聞いている音とマイクで録音した音の違いについての指摘にも考えさせられた。

私たちは聞きたい音や聞くべき音を選別して、耳からの情報を認識している。例えば、騒がしい電車内でも友人の言葉を聞き取ることができる。マイクにはそうした作為性がないので、隣席の会話や車内の雑音、アナウンスの声などももれなく拾う。街なかでも大自然のなかでも、私たちが意味を見出《みいだ》さずに聞き逃している音は膨大だろう。

社会における人々の様々な声についても同じことが言える。私たちは、自分が聞きたい言葉だけを聞いたり、読んだりしている。

今聞こえている音は、この空間に鳴っているすべての音ではない。そうした謙虚さを持って生きたい。

2022.5.25

広島にて

バンドのコンサートツアーで広島を訪れた際は、平和記念公園に立ち寄ることにしている。

慰霊碑の前で手を合わせた後は、その東側にある追悼平和祈念館に向かう。階段を下り、館内の円形スロープをゆっくりと下る。その先に開けた追悼空間の死没者と同じ数のタイルで表された被爆後の街並みの真んなかで、モニュメントから湧き出す水のせせらぎに耳をすます。現在でも変わらずにある人間の愚かさに打ちひしがれながら、過去や未来を思う。

場内の企画展「震えるまなざし」の記録映画には考えさせられた。爆煙や爆心地の惨状をフィルムに収めた人たちの言葉が重い。

東日本大震災のあと、復興支援のために向かった東北の町での体験を思い出した。目を向けるだけで感じた自分の視線についての後ろめたさが、今でも体に残っている。僕の体験とは比べようもない、彼らの罪悪感や無力感を想像して、胸の奥が苦しくなった。

娘を失った写真館の店主の談話には、思わず涙が込み上げた。その後に彼が記録し続けた広島の写真がとても良かった。深い悲しみや憤りを抱えたままファインダーを覗《のぞ》き込む彼を思う。撮影されたのは復興してゆく町の全景だった。

私たちが未来に対して持つべき眼差しについて考える。不条理の前で、愛を捨てることなく未来を見続けることができるか。

2022.6.8

潔白の朝、新聞を載せて

雪が降ると高速道路が通行止めになったり、電車や新幹線のダイヤが乱れたり、時には雪の重みで電線が切れたりと、面倒なことがあちこちで起こる。雪など降ってくれるなと思っている人がほとんどだと思うけれど、僕は雪がとても好きだ。

僕の出身地である静岡県は、山間部以外では雪が滅多に降らない。何かの弾みで雪が降ったとしても、地面に辿《たど》り着く前に解けてしまうような頼りない量で、積雪となると奇跡と呼んでいいのではないかと思う。

そうした地域に育ったので、雪が降っただけで近隣の動物園に珍しい動物がやって来たかのように舞い上がってしまう。降雪や積雪で困っている人もいるというのに、不謹慎な態度で申し訳ない。

人工でない雪が積もる様をはじめて見たのは、高校卒業後に東京へ出て来てからだった。当時は立川市で新聞配達をしていた。原付きの荷台に大量の新聞を載せて雪道を走るのは大変だったけれど、誰もいない公園や団地の通路に降り積もった雪は、ただただ白くて美しかった。そして、とても静かだった。無音で潔白な風景に自分の醜さを暴かれているようで、怖くもあった。

雪が降ると、あの白くて静かな、美しい朝を思い出して切なくなる。

そして、やっぱり小躍りしてしまう。

2018.2.7

そのまま、会える場所

尊敬するミュージシャンが亡くなった。

訃報《ふほう》を伝える記事を読んでから、しばらく呆然《ぼうぜん》として仕事が手につかなかった。瞬く間にネットではニュースが拡散され、多くの人たちの言葉がＳＮＳのタイムラインに溢《あふ》れた。

誰かに伝えようにも当てどころがない感情をいつでも吐露できるプラットフォームがあることが、人々に安らぎを与えていると感じる。それはインターネットやＳＮＳといった新しいメディアの素敵なところだと思う。見知らぬ誰かの悲しみに共感して、自分だけが悲しみに暮れているわけではないのだと癒やされた経験がある。

一方で、言葉や情報が飛び交う速度についていけないと思うことも増えた。この日も、事実をまったくのみ込めない自分を追い越して、多くの人の言葉が画面を流れていった。その言葉が間も空けずにニュースに取り上げられたところで、なんとも言えない孤独な気持ちになった。

たまらずに友人たちに連絡をして、それぞれの仕事の後に集った。かつての彼の演奏を聞きながら、何を話したのかも忘れてしまうくらい、深夜までいろいろなことを話した。誰ともシェアできない思いや、未《いま》だに言語化できない感情がある。それは誰しも同じかもしれない。そうした隔たりや戸惑いを抱えたまま、顔を合わせる場所があってよかった。

2023.2.22

「汚れ」を見る自分

春先から雨に何度か打たれるうちに目に見えて汚れてしまった自家用車を洗いに出かけた。ガソリンスタンドの自動洗車機の順番待ちの列に並び、適当なコースを選んで車を洗い、空きスペースで雑巾掛けをして自宅に戻った。久しぶりにきれいになった車を眺めながら、なんだか清々《すがすが》しい気持ちになった。

数日後に不意な通り雨に遭い、車がずぶ濡れになってしまった。すぐに天気は回復して車体は乾いたけれど、水滴の輪郭を浮き上がらせるように砂や埃《ほこり》の跡が現れて、洗車前のような姿に戻ってしまった。汚れた車体の表面を眺めながら、どうして自分は時折車を洗わずにいられないのかと考え込んだ。

移動手段である自動車の主たる目的は移動したり、人や荷物を運んだりすることであって、究極的には、無事に走行すれば仕事にも生活にも支障がない。しかし、実用性とは別に自分の個性とも接続しているところがあって、ただ走ればいいとは言い切れない。車の状態と、清潔さのような生活習慣上の性質に、いくらかの同一性を認めているのだと思う。
ほとんどの場合、車は屋外を走る。土埃や風雨にあたるのは当たり前のことで、空気中の様々な物質が付着するのは自然なことだろう。それを汚れと考えるとき、僕はどこか人間的な思考のこんがらがりのなかにいるのかもしれない。

2023.5.31

第2章
ある日、どこからともなくやってきて
〈コロナの章〉

つながりができたり必要な情報をスピーディに共有したり、SNSには良い面もあるけれど、みんなの負の感情をブーストする力が強いと感じる。コロナ禍を経て、そんなふうに考えるようになった。

局地的に議論への熱が高まっているように見えるけれど、カメラをグッと引くと、盛り上がっているのは一部だと分かる。この小さな「のぞき窓」の向こう側を、すごく巨大だと感じたり、社会や世界のすべてだと思ったりするのは危ない。ひとつのアングルであって、全体を切り取っているわけではないからだ。
炎上して反省したり落ち込んだりしたこともある。多くの人を敵にまわしたような気分になって辛かった。しかし、一歩街に出れば、そんな自分の悩みとは関係のないような顔をした世界がどこまでも広がっている。ネットでの炎上はおろか、僕が誰なのかを知る人の方が少ない。だから何でも言っていいと開き直るわけにはいかないが、自意識の肥大を思い知るには良い機会だったと感じる。

最近は「ローカル」が僕のキーワードになっている。コロナ禍の影響だけでなく、これまでの活動を通して、自分一人でできることの限界を感じた。今一度、自分のサイズを測り直して、自意識を脱ぎ捨てた身体、肌身ひとつでできることについて考えたいと思う。

何らかの危機が起きたとき、そうできる企業や個人が、まとまったお金を寄付するのは必要なことだと思う。実際、僕もいくらかの寄付を行ったことがある。自分にとってはかなり大きな金額だったけれど、社会全体で考えると焼け石に水だなと実感せざるを得なかった。

本来はもっと小さなコミュニティーで、人々は助け合ってきたはずだった。そうしたつながりを取り戻すことが必要なのだと思う。小さなコミュニティーのネットが複雑に絡み合う先には、誰もこぼれ落ちない社会があるはずだ。

そして、「都市」。『反穀物の人類史』(ジェームズ・C・スコット著、立木勝訳、みすず書房)という本によれば、人類にとって定住はリスクだった。略奪されるリスクが増したり、感染症が蔓延する可能性が高まったりするからだ。実際に、伝染病が流行して、住民が逃げて町がなくなってしまうことも珍しくなかったそうだ。2020年に始まったコロナは、そんなリスクを再び顕在化させた。

現代の大都市には、伝染病の蔓延を恐れた時代の人々が想像できないほど、人が密集している。そして、食料や電力など、生活に必要な物資のほとんどを他の土地に頼っている。その構造は、とても人工的で歪《いび》つだと感じる。

大都市に暮らすこと。便利ではあるけれど、本当に幸せなことだろうか。

そんなことを最近は考えるようになった。

ウイルスにはできないこと

新型コロナウイルスの流行が再び広がり、不安な日々を過ごしている。

「種の保存のためのツールでしかなかった個体の生命に意義と価値を見出《みいだ》し」たのは人間だという福岡伸一《ふくおかしんいち》さんの文章を雑誌『tattva《タットヴァ》』(BOOTLEG)のなかで見つけた。確かに、僕たちはウイルスのひとつひとつを価値のある命としてカウントしない。一方で、私たちはひとりひとりの命に尊さを感じている。

誰がウイルスに感染しようとも、どんな人が感染症の様々な症状に悩まされようとも、自然はそれぞれの命について顧みることはない。自然にとっては、私たちの誰もが、自然の摂理や営みのなかの個体のひとつでしかない。

感染症によって健康を損なうリスクの高い人のことを心配するのは、人間だからこそだと言える。しかし、個を尊重しない自然の厳しさからは逃れたが、社会には別の厳しさが残ったままだ。例えば、僕たち市民の多くは経済的な理由から働く手を止められない。

そんな社会のなかでよく使われる「自己責任」という言葉は、むしろ弱肉強食の自然のあり方に近いのではないかと思う。そうした厳しさよりも、ウイルスと人に共通した自然のメカニズムを利用して発明されたメッセンジャーRNAワクチンの方が、ある意味で人間的だと感じる。

他者を思いやることは、ウイルスにはできない。

2022.1.19

疑念のおおもと

新型コロナウイルスのニュースを読みながら、静かにおびえて暮らしている。

大きな駅では訪日観光客の数が見るからに減った。百貨店の売り場へ行くと、買い物をする人もまばらだった。薬局ではマスクと消毒液の棚がほぼ空の状態で、うがい薬だけがいくらか売れ残っていた。

多くの人が集まるイベントやコンサートなどの中止や延期も相次いでいる。こうした動きはミュージシャンの生活に直結する。新型ウイルスの拡散を防ぐための中止は仕方ないが、音楽活動が滞ることに対する不安も拭えない。

自分の健康状態に留意しながら、政府や医療関係者たちの努力によって事態が収拾されることを祈っている。けれども、公文書の破棄や改ざんを行ってきた政府が、新型ウイルスに関する情報を一般市民にきちんと公開するのだろうか。隠蔽《いんぺい》への疑念を完全に消すのは難しい。

社会問題のすべてを政権批判につなげたいわけではないが、ウイルスの専門家たちが発信する「正しく怖がりましょう」というメッセージに市民が安堵《あんど》できない原因の一端は、政府が積み上げた政治不信にもあると僕は思う。

しかし、そうした政府を作り上げたのは僕たち市民でもある。新型ウイルスの流行の収束だけではなく、実直な質疑と答弁が行われる正常な国会と、市民に対して誠実な政府を切望したい。

2020.2.26

ゆとりの消失

東日本大震災が発生した日から数えて、10回目の3月11日を迎えた。

あの日、僕はコンサートツアーのリハーサルを東京のスタジオで行っていた。大きな揺れに驚いて屋外へ出ると、電線がヒュンヒュンと音を立てていた。リハーサルは中止になり、神奈川の自宅まで何時間もかけて戻った。

それから4月の末まで、僕のバンドには表立った仕事がなかった。興行や作品の発表には不謹慎という言葉がついてまわった。社会から様々な種類のゆとりが失われると、ミュージシャンの活動の場は狭まるのだということを思い知らされる体験だった。

身近にいるミュージシャンの多くは、ひとりの市民として社会活動に参加するようになった。災害の度に物資を運ぶ者、身ひとつでボランティアに参加する者、積極的に社会について発言する者、やり方はそれぞれだったが、聴く人の生活があってこその音楽だということを思い知って、僕や彼らは変わったのだ。無関心ではいられない、と。

そして今、ミュージシャンたちは新型ウイルスの脅威と人々の不安や戸惑いの連鎖によって、同じ問題に直面している。

どのような種類のゆとりの消失が、コンサートの自粛を僕らに強いるのか。また、そのゆとりを守るために、普段からできることはないか。見つめ直す好機だと考えたい。

2020.3.11

世の中への戻し方

ロックフェスやイベントが相次いで開催中止になり、当面のコンサートの予定がなくなってしまった。

コンサートにまつわる仕事を専業としている人たちのことを考えると胸が痛む。命あっての音楽だと、自粛要請を受け入れた人たちの収入が断たれている。

密閉、密集、密接の条件を避けた仕事をどうにか作って、この難局を乗り切りたいと方策を考えているが、自分たちだけの努力で多くの人を経済的に支えるのは難しい。政府は音楽の分野だけに限らず、困窮している人たちを広く支援してほしい。

最近は作業用のスタジオにひとりでこもって、楽曲の制作に打ち込んでいる。そのうちの1曲は、友人たちが収入のなくなったミュージシャンのために無償で公開した音源を使って制作した。音源はダウンロードして誰でも使うことができる。素敵なアイデアだと思う。

その曲を完成させて、何らかのチャリティーに役立てたいと僕は考えている。音源を無償で公開してくれた彼らの優しさに、いくらかの僕の思いを足して世の中に戻すつもりだ。

東日本大震災のとき、世の中に寄付できるのは金銭だけではないと、身体ひとつで被災地に向かった友人たちが教えてくれた。難局のただなかで、たとえ微力だとしても、自分にできることを探しながら歩んでいきたい。

2020.4.8

奪い合うよりも

自粛によって生じた損失の補償をライブハウスや音楽関

係者へ行うように政府に嘆願する運動に参加したところ、「困っているのはお前たちだけではない」という反響が多くあった。

その通りだと思う。

しかし、自分ごととして窮状を訴えることを遠慮しなければならない社会は息苦しい。困窮者への支援を「限られたパイを奪い合う」イメージで受け止めるならば、困っている人たち同士が責め合って、互いに足を引っ張ることになってしまう。それは避けたい。

様々な場所から、それぞれに補償や援助を求める声をあげてほしい。その声によって、行政や僕たち市民も、どのような人たちが、どのように困っているのかを知ることができる。

ミュージシャンの友人に聞いた話では、千人の観客を収容できる都内の有名ライブハウスの家賃は1千万円だという。店舗の広さや立地によって差はあるが、数十万から数百万円の家賃が、自粛要請を受け入れているライブハウスだけでなく、飲食店など、様々な業態の施設を苦しめている。

いくつかの支援活動に参加してみたが、ひとりの力で助けられるような規模ではないと感じる。今後の見通しも立たない。そう考えるとなんとも重たい気分になる。

せめて厳しい言葉で別の市民を叩《たた》くのではなく、お互いの肩を優しくたたき合い、励まし合って、支え合うように暮らしたい。

2020.4.22

物足りなさの正体

スタジオと自宅を行き来する道すがらに、お気に入りのレストランが小さな立て看板を出していた。テイクアウト営業を行う旨と、料金の書かれたメニューが掲示されていた。

飲食店の多くも、政府や自治体による自粛要請の影響を受けている。損失は大変なものだろう。廃業を決意した店舗のニュースもいくつか読んだ。

ささやかでも応援したいと思って、お弁当や一品料理などを買い込んで自宅に戻って食べた。どの料理も、そのレストランの味そのもので、とてもおいしかった。しかし、何かが決定的に足りないように感じた。

それは場の雰囲気ではないかと思った。

目の前の料理からはいつもの香りが漂い、舌の上には確かにいつもの味がある。けれども、あの店の空間を肌で感じることができない。それだけで、随分と感じ方が違うことに驚いた。

肌の面積を思えば当たり前のことかもしれない。普段は意識しないが、僕が考えているよりも皮膚は多くの情報を受け取っているのだろう。

音は空気の振動で、鼓膜以外でも感じることができる。コンサートの魅力には、そこで鳴る音楽だけでなく、肌で感じる会場全体の複雑な空気の振動も含まれているはずだ。

肌で感じられる日が戻ることを待ち望んでいる。

2020.5.20

あのマスクを待つ人がいる社会で

政府が全世帯への配布を決めた布マスクが、ようやく我が家に届いた。

菅官房長官は5月20日の会見で「布マスクの配布などにより需要が抑制された結果、店頭の品薄状況が徐々に改善された」と述べたが、そのような効果は感じられない。マスク売り場の棚は常に空で、配布が発表された後も特別な変化はなかった。

最近まで、僕は母親が自作して周囲に配った布マスクを使って過ごしていた。母親だけでなく、布製マスクの作り方や寸法を公開してくれた人たちにも感謝している。

マスクが届くまでのスピードがあまりに遅い。いまだ届かない地域もある。しかし、配布を待つ以外にマスクを入手する手段のない人がいるかもしれない。そういう意味では、無駄とは言い切れない政策だと思う。

友人や知人は、布マスクを慈善団体や養護施設へ寄付するという。誰かのためにと、同じ方法を選ぶ人がたくさんいるだろう。

この先に政府が行うべきは、このような政策でしかマスクを手に入れられない環境に置かれた人がいる社会の、そのあり方を見直すことではないだろうか。

マスク配布の効果に胸を張るのではなく、相互扶助やコミュニティーに接続できずに孤立してしまう人や、困窮によりマスクの届け先となる住まいを持てない人たちを守るセーフティーネットの整備に力を注いで欲しい。

2020.6.3

あとはよろしく

新型コロナウイルスの影響で、リモートワーク用の録音機材が売れているという話を聞いた。音楽機材に特化した通販サイトでは様々な商品が品薄になっていて、楽器用のマイクスタンドが数カ月待ちだと嘆く友人もいる。

スタジオでの作業は少しずつ再開されているが、いつまた自粛を要請されるか分からない。コンサート活動は復旧の見通しが立っていない。リモートでの作業環境のアップデートが、死活問題になるかもしれないという危機感を持つ音楽家は多いと思う。

リモートワークでは、自ら収録と編集をしなければならない。演奏だけではなく、録音全般に関する基本的な知識と技術が求められる。これまでは録音エンジニアに対して「あとはよろしく」と消費者のように振る舞うこともできたが、そうはいかない。

それぞれの持ち場で知識を深め、技術を高めることは、録音物のクオリティーアップにつながる。しかし、集まることができないと、作品のなかで専門性を発揮できない。例えば、天才的なドラマーが優れた録音エンジニアであることは稀《まれ》だろう。他者の仕事なくして、その天才性は記録されない。

専門性の外側にある他者の仕事への理解は、録音物への参加意識を変える良い機会になった。

政治や社会参加への比喩としても考えたい。

2020.7.1

何が恐怖か

感染の拡大が収束する気配のない新型コロナウイルスにおびえながら、静かに暮らしている。

ウィルスの存在が世界に知らされた当初は、感染症の症状に対する不安が大きかった。呼吸困難と高熱に耐えられるのだろうかと心配になった。

それが次第に、他者への心配に変わった。症状のない無自覚な感染者としてウィルスをばらまいて、誰かの命を危険にさらすことを避けたいと思った。自粛によって経済的に困窮する人たちや、感染のリスクにさらされているエッセンシャルワーカーたちのことも思った。一方で、自分の体調については、くよくよと考えなくなっていった。

しかし、最近はまた、新型コロナウィルスに感染することが怖いと思うようになった。以前と違うのは、健康に対する恐怖より、メディアや世間がウィルスに感染した人たちに寄せる関心や悪意の方が恐ろしいと感じることだ。

多くの関係者の努力によって再開に向けて少しずつ進んでいる音楽業界やコンサート業界も、僕が感染することで批判の的になるかもしれない。ニュースになれば、近隣の住民との関係が悪化する可能性もある。

過剰な心配をする僕こそが、社会を緊張させている要素のひとつなのだろうか。困難のなかでも、朗らかに他者を思って生きたい。あなたは悪くないと言いたい。

2020.8.12

潰えぬこと

夏の音楽フェスに出演しないまま、8月が終わろうとしている。

月々千円も支払えば、数千万曲が聴き放題になる時代だ。情報端末と配信サービスの発展によって、音楽鑑賞は手軽なものになった。一方で、毎週アップロードされて増え続けるデータのなかに、自分の楽曲が埋もれてしまう恐怖感がある。

そんな時代にあって、一回性の特別な音楽体験として、楽曲制作を支える収入の柱として、フェスやコンサートに可能性を感じていたのは僕だけではないはずだ。都心には新しいホールやライブハウスがたくさん建設され、いろいろな町で大小様々な音楽フェスが催されるようになった。

特色のある地方の音楽フェスに参加するのは、夏の楽しみのひとつだった。町おこしであり、市場であり、盆踊りの代替のようでもあり、新しいコミュニティーの萌芽《ほうが》でもあるように感じられて、そこに明るい未来を感じていた。伝統的な祭りの性質と、この時代ならではの人々の交歓や交流が融合して、懐かしくて新しい場が育まれてゆくのかもしれないと期待していた。その片隅で演奏できるのが嬉しかった。

音楽フェスが中止や延期を余儀なくされているのは寂しい。けれども、多くの人がフェスへの愛着を語る様を画面越しに見ながら、自分が感じていた可能性は潰《つい》えていないのだと感じた夏でもあった。

そこに在る矛盾の前で

2020.8.26

新型コロナ禍で様々な生活が制限されてから考え続けているのは、ルーチンワーク化していた音楽活動のあり方についてだ。

格好いい音楽を作りたいという青春時代の素朴な思いから始まった創作活動は、バンドの知名度が高まるにつれて経済活動の性質を持つようになった。

レコード会社の年度予算に合わせてアルバムや映像作品を作り、プロモーションを行い、コンサートツアーへ出かけ、各地のイベントに出演する。楽曲制作や生活に必要な費用を捻出するためではあるが、音楽産業の商習慣に合わせた活動であったことは否めない。環境負荷の高い資本主義的な性質も持つ。

制作費がなくても楽曲は作ることができる。けれども、一銭も使わずに録音物を作るのは難しい。演奏会場を借りるのにもお金がいる。資本主義的な諸問題から逃れて純粋でいることは難しいが、そういうものだとごまかして進むわけにもいかない。

多くの人に演奏や楽曲を聴いてもらうことは音楽家としてのシンプルな願いだが、プラスチック片にもなりうるＣＤの売り上げを競い合うようなことがしたかったわけではない。

他にも例をあげれば、グッズとして販売してきたTシャツに使われたコットンは、発展途上国の安価な労働によるものかもしれない。

理想と現実。その矛盾の前で立ち止まって、真剣に考え込みたい。

2020.10.7

二択の危うさ

自分のバンドの有料配信コンサートの収録が無事に終わって安堵している。

今回の配信には、新型コロナの影響で中止せざるをえなかったツアーの損失をリカバーする性質がある。共演のバンドやスタッフの予定を考えても、更なる延期はありえず、中止になれば経済的な打撃が大きい。ゆえに、体調管理に対する不安がとても大きかった。久々のコンサートは楽しかったが、コロナ禍によって選択肢が減って、成功させる以外に道がないという状況に追い込まれていたのは確かだと思う。

クイズや試験の場合は、選択式の問題の方が易しい。二択なら幸運だと感じるだろう。けれども、人生において二択の選択を迫られるような場面では、岐路に立たされている可能性が高いように思う。

社会問題や政治に関しても同じことが言えるのではないか。問題の解決に向けた選択肢はなるべく多い方がいい。例えば、アメリカ大統領選挙が予備選挙を重ねるのは、候補者を様々な政策や社会問題に関係させて、選択に複雑さを持たせるための知恵だと感じる。

一方で、為政者が「この道しかない」とシンプルな選択を迫るのは危ない状況なのだと思う。

究極の選択を迫られないように、多様性や複雑さを意識しながら、仕事も社会参加も行いたいと考えた週末だった。

2020.11.4

ふたつの時間

いつにも増して、時間が過ぎ去るスピードが速いと感じた1年だった。

ソロアルバムを制作する時間が得られたことは、コロナ禍という不幸のなかの幸いだった。自粛期間中の時間だけが、気味が悪いほどに静かで、ゆったりとしていたように感じる。

ところが、自粛による様々な損失を取り戻そうと活動を再開した途端に、時計の針が勢いよく動きはじめて、気がつけば年の瀬が目の前にあった。

自分が感じたふたつの時間の速度の差について、考えるべきだと思った。

経済という言葉は本来、「経世済民＝世の中をよく治めて人々を苦しみから救うこと」だ。ところが、僕らが経済と呼んでいるのは資本主義に基づく活動全般のことで、利潤の追求が中心に据え置かれている。より多くの利益を得るためには、より一層働かなければならないだろう。こうした性質が僕らに加速を要求していると思う。

今年はゴスペル調の音楽を好んで聴いた。信仰に基づくフィーリングが、経済成長という名の加速を願う人間の欲望を諫《いさ》めながら、一人ひとりの存在を肯定してくれるように感じた。

急《せ》かされるように、何かに祈る人は少ない。神や仏を恐れぬ人間中心の考えが、僕たちを駆り立てているのかもしれない。

祈りのような感覚を、自分の活動のすべてに行き渡らせたいと思った。

2020.12.30

仮定の質問

緊急事態宣言の発令を受けて、出演予定だった音楽イベントが延期や中止になってしまった。

新型コロナウイルスの感染拡大を考えれば、宣言の発令は仕方のないことだと理解できるが、緊急事態宣言までのプロセスや、これまでの政府の対策については疑問が尽きない。「仮定の質問には答えられない」政府が想定外の事態に対応できる可能性は、低いと考えるのが一般的だろう。政府がどのようなメッセージを発したとしても、言葉の力を奪い去るようなエネルギーが「仮定の質問には答えられない」にはあると思う。

これまでに、政府から国民の命や生活を守るのだという強いメッセージを感じたことは一度もない。多くの人の脳裏におぼろげでなくはっきりと浮かぶのは、「なんとしてもオリンピックを開催したい」という政府の願望だけではないか。オリンピックを開催するために、対策が場当たりになっているようにも見える。

社会の衛生を守るために、それぞれが精神的に追い詰められる現状がもどかしい。将来への希望が持てなければ、様々な活動を自粛するのは難しいとも感じる。破滅に向かって何かに耐えるのは不可能だろう。

政府がすべきは、長期的に様々な事態を想定することであり、補償を含む政策と未来を照らす正しい言葉で市民を勇気づけることではないか。

2021.4.28

観客のいない聖火リレー

オリンピックの中止を望む意見や、大会の開催を危ぶむ記事を読む機会が増えた。市民への自粛要請以外に、新型コロナウイルスの感染拡大を抑え込むための政府の取り組みの展望がない情勢では、「安全安心」の大会運営は難しいのではないかと考える人が増えて当然だと思う。

アスリートのことを考えれば、簡単に中止とは言えない気持ちも分かる。競技者としてのキャリアのなかで、体力や技術がピークを迎える時期は限られているはずだ。そうした機会の損失を考えると胸が痛む。

しかし、アスリート・ファーストの観点から言えば、競技に適した環境とは言えない真夏に大会が行われること自体がおかしい。放送や広告による収益など、興行としての性質を優先してきたことを省みるべきだが、そういう声はあまり大きくないように感じる。

無観客で行われた聖火リレーの映像は、いつのまにか膨れ上がったオリンピックの空疎さの証しであるように見えた。喜々として役割を引き受けた有名人たちが「スケジュール調整の難しさ」を理由に次々と聖火ランナーを辞退する様には、何とも言えない後味の悪さがある。

何よりも経済性や体面を重んじる虚《むな》しさ。そうした性質と自分の生活や音楽活動が無縁だとは言い切れない。他人事として、無関心を貫いてきたことを恥ずかしく思う。

2021.5.19

フェスに出演するということ

フジロックフェスティバルに出演した。

感染拡大で病床が逼迫《ひっぱく》しているなか、状況を悪化させる可能性のあるイベントに出演することについては、悩みが尽きなかった。

会場やステージ裏で働く人たちにとっては、不要不急などでは決してなく、それぞれの生活を守るためにどうにか実現させた共助の場でもある。そこで実際に働く仲間たちもいた。

しかし、1カ所に多数の人が集まり、それぞれの地域に帰る最中にウイルスを拡散してしまうかもしれない。自宅で亡くなる方のニュースも続いている。そうした悲劇の発端になる可能性も否定できない。

戸惑いと憤りをブログに綴《つづ》った。様々な批判を受けた。オリンピックについて批判的だった人間が、ロックフェスを肯定できるのかという意見も多かった。

職場の存続をかけた営みと、莫大《ばくだい》な税金を投入した国家的なイベントを同列で比べることはできない。だからと言って開き直るわけにもいかない。1年半の仲間たちの苦境、地域住民の不安、医療関係者の努力、社会のために自粛された様々な活動、そのどれもを思って、胸が苦しい。

映画『メイキング・オブ・モータウン』（ベンジャミン・ターナー、ゲイブ・ターナー監督、2019）を思い出す。音楽が人種という分断をつなぐように響き、社会的な役割を帯びていく様に感銘を受けた。自分が担うべき役割とは何か。もう一度、真剣に問い直したい。

2021.8.25

銀河鉄道に連なって

ユーチューブで公開された河合宏樹《かわいひろき》監督の映像作品『コロナ時代の銀河』を観《み》た。小説家の古川日出男《ふるかわひでお》、詩人の管啓次郎《すがけいじろう》、翻訳家の柴田《しばた》元幸《もとゆき》、音楽家の小島《こじま》ケイタニーラブが東日本大震災を機にはじめた朗読劇、『銀河鉄道の夜』の最新版でもある。

大震災の直後は、音でも言葉でも、何かを発すること自体が不謹慎であるような空気だった。表現者たちがそれぞれの方法で沈黙を破るなか、彼らは宮沢賢治《みやざわけんじ》の代表作に深い祈りを込めて戯曲化したのだった。以来、朗読劇『銀河鉄道の夜』は形を変えながら様々な場所で上演されてきた。

廃校を舞台にした今回の作品は、いわゆる朗読劇に収まらない不思議な映像作品だった。校舎には生徒たちの姿がない。コロナ時代ならではの距離感で並べられた座席には、観客もいない。様々な不在を抜けて、死者を乗せた銀河鉄道は進んでいく。

登場人物にコロナ時代を生き抜く様々な人たちの姿が重なる終盤が特に美しかった。「俺たちの仕事は命を生かすことなんだ」という台詞《せりふ》が胸に迫る。

多くの言葉や感情が、滝のようにインターネットのなかを流れている。その流れのスピードに逆らうかのように、ゆっくり、そしてじっとりと、彼らは10年も人々の幸福を祈り続けている。僕も彼らの銀河鉄道に連なって、命を燃やすように歌い続けたい。

2021.9.8

特別な時間を嚙みしめて

バンド結成の25周年を記念したコンサートツアーが始まった。感染症の拡大によって公演活動の自粛を余儀なくされた時期を経て、ようやく自分たちが主催するステージに立てたことがとても嬉しい。

２５年のバンドとの歩みは平坦《へいたん》だったとは言えない。音楽理論とは無縁の荒野のような場所から始めたロックンロールは、１０代の自分にとっては自由と可能性そのものだった。しかし、活動を続けるうちに、仲間の能力に対して不満を感じることが増えていった。音楽の歴史の連なりのなかで何者かになりたいという欲望によって、焦燥感だけが募る日々もあった。無鉄砲に夢見た理想と現実の間で、自分やバンドの音楽的な不可能性に囚《とら》われていたのだと思う。

この２５年の歩みは、実際に可能性そのものだったと僕は思う。楽器もろくに触ったことのない若者たちが集まって、自分たちの魂が震えるような音楽を作り、それを体験できたこと。現在でも、それを続けられていること。それは自分の人生において、とてつもなく美しいことだと感じる。

今でもできないことだらけだ。バンドには、特殊な技術を持った演奏家はひとりもいない。それでも、それぞれが掛け替えのない人生を持ち寄って演奏する。そこで鳴り響く音楽は、僕たち以外の誰にも表現できないだろう。そうした特別な時間を噛《か》みしめている。

2021.11.17

参加する喜びと、安全と

週末はアメリカ最大の音楽イベント、コーチェラ・フェスティバルの配信を見て過ごした。

カリフォルニアの広大な土地で行われるだけあって、引いたアングルでは人がまばらなようにも感じたが、各ステージは多くの人で賑《にぎ》わっていた。マスクをした人は見当たらず、観客たちの大きな歓声や歌声が印象的だった。

世界で最大規模と言っていい感染爆発を経験したアメリカで、平然と大きなフェスティバルが開催されていた。うらやましいという気持ちが際立って湧き上がることはなかったが、自分たちの置かれている状況とのコントラストについて、様々な思いが去来した。

今月のはじめに、仲間とロックバンドのコンサートへ出かけた。客席での歓声は禁じられていたが、素晴らしい演奏に身を浸した1時間半だった。帰りの道すがら、観客として参加したコンサートがいかに久しぶりだったのかについて仲間と話した。参加できたことそのものへの喜びを、お互いに強く感じているのだと分かった。

当事者であるだけに、コロナ禍を経た社会をコンサートの現場から考えるのは危うい。安全と健康があっての娯楽だと思う。しかし、これからの社会をどのように設計していくのかについて、様々な分野で議論する必要があるのではないかと、アメリカのフェスの映像を見ながら思った。

2022.4.27

ワクチン3回目の余韻

長いコンサートツアーの中断期間を使って、3回目の新型コロナウイルスワクチンの接種を受けた。

今夏に出演を予定するロックフェスティバルの開催日まで数週間のブランクがあることも、ワクチンの接種にこの時期を選ぶ理由になった。重い副反応が出た場合は、楽器を演奏するのも難しいだろうと考えたからだ。

午前中にクリニックで接種を受けた後は調子もよく、注射針を刺した左肩が少し痛むくらいで、スタジオでの作業も順調だった。夕食をとり、いつも通りに就寝した。

夜中になって、猛烈な寒気で目が覚めた。自分では止めようもないほど全身が震え、奥歯がガタガタと音を立てた。慌てて解熱鎮痛剤を飲んだが効果は薄く、朝方まで夢と妄想の区別がつかないまま、漠然とした辛《つら》さと添い寝するように朝を迎えた。寝間着が汗で濡《ぬ》れ、倍くらいの重さに感じた。先週はその辛さの余韻と共に暮らした。

4回目のワクチン接種の案内が届く日も遠くないのかもしれない。考えただけでため息が出る。

しかし、ワクチンによって人類が多くの疫病を乗り越えてきたのは事実だ。接種することで、他者への感染と重症化のリスクを抑えられる可能性がある。自己防衛の手段だけでなく、他者を守るための社会的な行為だと考えて、落ち込んだ気持ちを鎮めたい。

2022.8.3

3年ぶりに日が昇る

北海道で行われたライジングサンロックフェスティバルに出演した。

石狩湾新港の広大な土地を使ったライジングサンは、他の音楽イベントとは一味違った雄大な雰囲気があり、北海道以外からも多くの観客が訪れる魅力的なフェスだ。しかし、新型コロナウイルス感染症の拡大防止のために中止を選択せざるを得ず、今回は3年ぶりの開催だった。

ニュースサイトを覗《のぞ》けば、毎日のようにアーティストの出演キャンセルやコンサートの中止、公演の延期のニュースを目にするようになった。どんなに気をつけていても感染は避けられないのではないかと、暗い気分にもなる。ゆえに、健康なまま会場に辿《たど》り着けたことが嬉しかった。仲間たちとの久々の再会もこれまでとは違う特別さを感じて、お互いの無事を喜び合った。

ステージからの風景にも特別な美しさを感じた。野外でマスクを着け、大きな声を出すことを堪《こら》える観客たち。表情はほとんど見えないが、彼らの喜びが全身から湧き出していることを感じた。それは決して錯覚ではなかったはずだ。

ステージ脇で僕らの演奏を見守っていたフェスを主催するスタッフの笑顔が忘れられない。言葉にできないくらいの想《おも》いを抱えてここまで来た。ウイルスによる困難は現在進行形だ。それでも、すべてが吹き飛んで報われるような気持ちになる1日だった。

2022.8.17

本当の辛さ

新型コロナ感染症陽性者の自宅療養期間が7日間に短縮された。僕は10日間の自宅療養を終えたばかりだった。

喉《のど》に違和感をおぼえた翌日の夜に発熱した。一夜で熱は下がったが、激しい咳《せき》と痰《たん》に悩まされた。療養期間が終わった現在も、軽い咳が続いている。

自宅療養8日目に、やむを得ず調剤薬局へ咳止めの薬を受け取りに出かけたときのことが忘れられない。久々の外気は新鮮さと懐かしさが入り混じったような、不思議な吸い心地だった。普段に何気《なにげ》なく立ち寄っていた小さな公園も、妙に生きている実感が込み上げる美しい風景だと感じた。

　10日間の隔離を強いられることが、これほど辛いことだとは思わなかった。自由を奪われることも辛かったが、仕事が止まってしまうことに強いストレスを感じた。コロナ禍以前なら、無理をしてでも現場に出かけただろう。こんなにも仕事に追われて生きていたのかと思った。

　私たちは風邪くらいの病気では働く手を止めることができない社会を生きている。労働時間の喪失が収入の減少に直結する人は多い。また、仕事の相手や職場の仲間、自身の経歴や将来を考えると簡単に病欠できない人も多いだろう。

　社会にお互いに支え合う寛容な空気と仕組みがあれば、私たちはもっとゆっくり病気を治せるのではないかと思った。

2022.9.14

重圧を追い払って

ゴールデンウィークを過ぎると、毎週のように音楽のイベントが各地で開催される。夏フェスという言葉が定着して久しいけれど、音楽フェスティバルのシーズンは秋が終わるまで延びたと感じる。

音楽を演奏するのは楽しい。新型コロナによる自粛期間を経て、そうしたシンプルな思いを噛み締めながらステージに立つ。以前は当たり前だと思っていた風景も、人々の努力や協力と、いくらかの幸運があってのものだと思う。

思えば、数字の上では人気絶頂だった2000年代前半、僕はステージに立つのが辛かった。自分の音楽に思いを託してくれる人たちの期待に必ず応えなければと、自らに課した重圧に押し潰されそうだった。

しかし、その重圧の源泉は自分に対する過信だったのではないかと、今になって思う。誰かを救うために音楽を始めたのではなく、音楽こそが目的だったはずなのに、いつしか観客の期待に応えることが目的になってしまった。そこには、音楽で誰かを救おうという思い上がりがある。

現在はまったく重圧がない、と言えば嘘《うそ》になる。なるべくいいところを見せたいという虚栄心が失敗したときのイメージを煽《あお》って、身や心をいくらか強張《こわば》らせているのが分かる。緊張感を追い払って立ったステージから見える景色の美しさ。救われているのは僕の方だと思う。

2023.5.17

第3章 良い音楽家は奏でる前に、聴く

〈ロッカーの章〉

大学で出会った仲間たちとバンドを組んだ頃は、音楽をやることそのものが目的だった。音楽によって何らかの収益を得るという発想はなくて、ただ自分たちの音楽を誰かに聴いてほしいという気持ちが強かった。

誰にも見つけてもらえないような時期が長かったけれど、少しずつ観客が増えて、少しずつ出演料をもらえるライブが増えていった。マネージメント会社と契約し、大きなレコード会社に見出《みいだ》されて、音楽が仕事になったときの達成感は大きかった。そのまま、怒濤の新人時代が始まって、右も左も分からないまま、ものすごいスピードで音楽産業の荒波のな

かを泳いだ。

あれから随分経った。

歩んできた道のりを振り返って、自分たちは本当に幸運だったのだと思う。

縁に恵まれて音楽が仕事になり、音の良し悪しを判別できるような環境を与えられたのだ。運がなければ、いまだにデタラメな演奏をして、どこかの酒場で有名なバンドの悪口を毎晩言い合っていたかもしれない。いや、バンドはおろか、音楽をやめてしまった可能性だってある。

一方で、音楽が仕事になったからこそ、音楽のプロってなんだろうとか、音楽でお金を稼ぐことってそんなにいいことなんだろうかという、素朴な疑問を持つようにもなった。

僕らがやっているポップミュージックには、人々をコミュニティーとして結びつける力があるように感じる。自然に踊ってしまったり、心身が揺らぎはじめたり、言葉でのコミュニケーションよりも、シェアできる領域は大きいのではないかと感じる。群衆が似たような感情に集約されていくという危うさもあるけれど、何から何まで違う僕や君や誰かとの共通項を見つけられる。言葉よりも速いスピードで、メロディに貼りついたフィーリングをシェアできる。

バンドも、続けているうちに段々と独りよがりなものではなくなってきた。メンバーと一緒に楽曲をイチから作る。そして、音源制作や音楽活動に関わる人たちや、曲を聴いて好きになってくれた人たちの思いが重なっていく。そうして、バンドや僕たちの音楽は、個人の体験を超えた「現象」というか、「共同幻想」みたいなものになって、みんなのものになる。

最初の頃は、一字一句、自分の手のなかに置いておきたかった。でも、音楽のみならず表現は、作り手だけのものではないと思うようになった。

それでも、音楽を作るところは、誰かに任せたりできない。ＡＩがすべてをアシストしてくれる時代がそこまできているけれど、売れたりバズったりする曲を作ることよりも、「これは私の作った音楽だ」と実感することに、そうした体験こそに、大きな喜びを感じている。

中南米ツアーの飴と鞭

中南米ツアーから戻って、久しぶりに日本の音楽フェスに出演した。

大阪湾の海沿いの広場に建てられたステージは、仮設ではあるが音響がとてもよく、演奏中にバンドのメンバーたちと顔を見合わせて、「音がちゃんと聴こえる！」と感嘆の声を漏らしてしまうほどだった。

今回の海外ツアーでは、演奏するための環境に恵まれることが少なかった。モニタースピーカーから音が出ない。音楽に適した会場ではない。本番直前まで会場一帯が停電している。一部の現地スタッフの士気が著しく低い……。何らかのトラブルを抱えながら演奏しなくてはならないことがほとんどだった。

そうした環境にひと月ほど浸《つ》かり、心身ともに鍛えられてから出演した日本の音楽フェスは、ステージ上から楽屋裏のホスピタリティーに至るまで、快適を通り越して天国としか言いようのない環境だった。

環境の悪さとは裏腹に、中南米で行ったライブは観客たちが熱狂的で素晴らしかった。演奏中、自分の歌声さえもかき消すような歓声と合唱が絶え間なく続き、ロックスターになったようで気分が良かった。

一方で、日本の観客たちはマナーがいい半面、少しおとなしく感じてしまった。率直に寂しかった。
飴《あめ》と鞭《むち》。俺たちをタフにした中南米ツアーは、俺たちを甘やかしもしたのだと思った。
2017.8.23

演奏力と「聴く技術」

音楽にまつわる技術はたくさんあるけれど、最も重要なのは「聴く技術」なのではないかと思う。

ロックバンドに限らず、複数の人が集まって合奏する場合、それぞれの演奏がどのように絡みあっているのかということが、全体の美醜に大きく関わる。だから、ミュージシャンは個人練習だけでなく、合奏のリハーサルも頻繁に行って、集合した演奏のクオリティーを高めている。

ところが、人間の演奏には訛《なま》りのようなものがあって、機械のように正確なリズムを刻むことができない。バンドや合奏は人間的なズレや揺らぎの集合体なのだ。ゆえに、演奏が調和するための音符の置きどころもズレたり揺らいだりしている。

正しい場所に音符を置くためには、周囲との調和を聴き取る技術が必要だ。それぞれの奏者が譜面に書いてあるとおりに演奏できたとしても、全体のズレや揺らぎに合わせられなければ、演奏の良さにはつながらない。さらに言えば、音の良し悪しを聴き取ることができなければ、自分の演奏の良し悪しも判断できないだろう。つまり、演奏力とは「聴く技術」なのだ。

ということを、真っ先に言い聞かせないといけないのは他ならぬ自分自身なのだけれども、どうしようにも能力が低く、話の途中で耳が痛くなってしまう。

まずは他人の言葉に耳を傾けられる人間になりたい。

2017.7.5

揺らぎ、うねり、ためらい

最近はスタジオにこもって、ソロアルバムの制作に勤しんでいる。

スタジオで録音した仲間たちの演奏を注意深く聞くと、それぞれのリズムの揺らぎが分かって面白い。管楽器や弦楽器にはリズムとは別に音程の揺らぎもある。ズレやヨレとも呼べるそうしたものが、作品に僕たちならではの印を付け、音楽を人間らしく豊かなものにしていると感じる。

既に録音されたその演奏に合わせて、自分のギターや歌、ラップを重ね録《ど》りしていく。

皆の揺らぎと一体化して、大きなうねりの一部になる。そうした感覚を得られたときには、生きていてよかったと思えるほど嬉《うれ》しい。

仲間の演奏が気になるときには、演奏フレーズをカットしたり並べ替えたりして、楽曲全体の流れや響きを揃え、自分が思う美しさに向けて整えていく。ときには、感覚に合わない音を独裁者のようにバッサリと切り捨てる。楽曲制作のこうした性質をときどき恐ろしいと感じる。

自分にとって不快なノイズが、誰かにとっては作家人生を捧げるような美しい電子音だということもある。それが一秒にも満たない音だとしても。

思いのままにしたいという表現欲求の片隅を、仲間のこだわり（それは尊厳とも呼べる）に触ってしまわないかというためらいがうろうろする。

それは自分の表現において、とても大切な時間だと思う。

2020.7.29

数値化から離れて

「『音楽をやる』ってのは、もう、それだけでめちゃくちゃ幸せで楽しいことなんだよ。」

右に書いた文章は、ツイッターの投稿から一部を引用したものだ。投稿者のニシーさんは、音楽をやることと夢を追うことが同義で語られる社会に対しての違和感を綴《つづ》っていた。プロになることや、商業的な成功を収めることが目的で音楽をする人ばかりではない。目的にではなく、音楽そのものに喜びがあり、その価値を多くの人に知ってもらいたいという願いの込められた短文だと思った。

野球やフットサルを行う人に目的を尋ねる人は少ないだろう。

しかし、音楽となると商業的な成果と結び付けられてしまうことが多いと感じる。若い頃には、まるでそれ以外の答えがないかのように、プロ志向なのか趣味なのかという質問を何度も受けた。音楽が生業になってからは、売れ行きや人気という物差しで測られる機会がさらに増えた。

音楽の魅力や喜びを数値で表して、比較するのは難しい。何事も数量で表そうとするのは、精神的な貧しさを表す現代的な病ではないかと思う。そうした思考や尺度から離れれば、ニシーさんが言うように、音楽には、それだけで楽しさや美しさがある。

定量化できない魅力を感じたり、味わったりすること。その豊かさを多くの人とシェアしたい。

2020.11.18

複雑さの側に立つ

地元医師会の要請を受けて、日本最大のロックフェスが主催者の判断で中止になった。この夏に中止になったフェスはこれだけではなく、政府や自治体が定めたルールを守りながら努力を続けてきたコンサート業界の落胆は大きい。僕もそのひとりだ。

地域が被る経済的な損失の大きさを理由に、医師会からの要請とそのプロセスを非難する言葉をいくつか読んだ。しかし、音楽のイベントにかかわらず、経済的な効果の有無や規模が物ごとの評価に結びつくような考え方は避けたい。数万人を集めたイベントにも、数人で開くささやかなコンサートにも、個別の魅力があるのは多くの人が知っていることだと思う。

僕らは時折、経済効果という言葉や、それと近しい意味を持つ数字に惑わされる。数十万人を集めたスタジアムライブは偉業のように報道されるが、同じ日に様々な場所で行われた小さな名演の数々はニュースにもならない。

物ごとを数値化すると、情報や思考が単純化されて気持ちがいい。そうした考え方にも利点はあるが、個別の性質を覆い隠す危険性がある。例えば、それぞれの人生は比較しようもないほど複雑だが、それらに経済的な価値をつけて比較し、低いものから順に無用とする社会は恐ろしい。

それぞれの複雑さの側に立って考えること。簡単ではないが、心がけたい。

2021.7.14

空気の総量

最近は、なるべく自室のスピーカーから音楽を聴くようにしている。気密性の高いイヤホンで音楽を聴くことに、少しの空恐ろしさを感じるからだ。

コンピューターとインターネット、音楽制作ソフトや記録メディアの発達によって、個人のデスクトップから世界中のリスナーへ向けて音楽を発信することが容易になった。高価な録音機材や楽器は音楽ソフトに置き換わって、マウスひとつで架空の管弦楽団や、メンバーの実在しないロックバンドの演奏を録音できる。人件費やスタジオ代もかからない。

簡単に言えば、音楽は空気の振動だ。その揺れ方を僕たちは楽しんでいる。

ところが、一度もスタジオや部屋の空気を振動させず、作者の耳のなかだけで鳴っていた音楽が、そのままリスナーの耳のなかで鳴る時代が到来してしまった。実際に楽器を鳴らさなくても、誰かのコンピューター内部で鳴ったと見なされた音が記録され、データとして僕の手元に届く。そして、僕のコンピューターやスマートフォンはデータを読み込んで、楽曲がイヤホンから再生される。

少しの空気を必要としているとはいえ、このとき使われる空気の総量は、僕と作者の耳のなかを合わせて数立方センチメートルがいいところだろう。
脳に電極を差し込む日も遠くないと思ってしまうのは、僕だけだろうか。

2017.4.19

ボカロとうどん

架空の人間の歌声を合成できるソフトの進化を目の当たりにして、とても驚いた。人間ならではの音程の揺らぎや癖のような性質をAIが自動で調整し、コンピューターで合成された歌声だと分からなかった。こうしたソフトが音楽に及ぼす影響をぼんやりと考えながら、大手飲食チェーンでうどんを食べた。

どの支店でも同じ美味《おい》しさの料理が食べられるのは便利で嬉しい。実際には、様々な人間の働きを介することで、各店の料理にはいくらかのブレが生じているはずだ。ブレを無くそうとすればするほど、誰が働いていても構わない仕組みへと向かっていくのだと思う。そのはるか先にある従業員のいない飲食店を想像すると、なんだか恐ろしい気持ちになる。

音楽の魅力は、演奏や録音に関わる人たちの、その人らしい揺らぎや癖を楽しめることだと僕は思っている。ある種の人間味を削《そ》ぎ落とすことを目的とした音楽でも、削ぎ落とし方そのものに作り手の人間味を感じて面白い。そう考えると、ＡＩに取って代わられたくないことが見えてくる。

美味しいという感覚は複雑だ。舌に旨味《うまみ》成分が触れればいいというわけではない。キッチンやホールで働く人の人間味が膨らませたり、台無しにしたりする味を僕らは知っている。食べる側にも、美味しさに対する揺らぎや癖がある。聴覚にも同じことが言える。

2021.12.29

壊れにくい音楽

決済の方法を自分で選択して、店員の協力を得ずに会計を済ませる機会が増えた。釣り銭の受け渡しまで自動化されているため、人為的なミスが入り込む余地がほとんどない。会計という単純労働から従業員が解放されて、別の業務に集中できると考えると有益なのではないかと思う。

一方で、こうした合理性や潔癖さが自分の仕事に向けられる恐怖を、少しだけ感じるようになった。

音階が周波数に合わせて正しく鳴らされているか、リズムが設計された規律に従っているかどうかを中心に音楽を数値として突き詰めれば、僕のようなミュージシャンは人為的なミスのような存在になってしまう。音楽制作にコンピューターが欠かせない現在においては、こうした被害妄想的な観点も、冗談だと笑い飛ばせない。

音楽学者である若《わか》尾《お》裕《ゆう》さんの著書『親のための新しい音楽の教科書』（サボテン書房）に書かれていた「音楽の免震構造」という言葉を思い出す。多くの民族音楽は演奏者の上《う》手《ま》い下手を人間的な面白さとして包み込む寛容さがあり、演奏者に潔癖さを求める近世以降の西洋音楽に比べて、構造的に壊れにくいという。

多くの仕事が人工知能に置き換わっていく未来の暮らしは便利になるに違いない。しかし、私たちの考え方次第では、失敗する可能性のある演奏家があらかじめ排除された、自動演奏の音楽会のような社会が実現する可能性もある。

2022.11.23

新しい失い方

夏になると、音楽ソフトを製作している会社から、ひっきりなしにサマーセールのメールが届く。

録音用の音楽ソフトに新しい機能を付け加える「プラグイン」というソフトはとても便利で、名機と呼ばれる入手困難な機器をコンピューター上で再現したものも多い。夏のセールはそうしたソフトを安く買える絶好の機会だ。

リストをチェックしていると、数年前に定価で購入したプラグインが半額以下で売られていた。率直に悔しかった。いくらでも複製可能なソフトを現品処分のような価格でたたき売りしていることに抗議したい気持ちになった。

気に入ったもの、必要なものを毎年買い足しているうちに、自分でも把握できないほどの機能を僕のコンピューターは得た。一方で、この先一度も使わない機能が増えた。なかには忘れてしまったものもある。名前すら思い出せない機能をハードディスクのなかから再発見するのはとても難しい。鍵や切符を落としたりするのとは別の、新しい失い方だと思う。

買い増したプラグインをインストールしている僕の傍らでは、録音用の機材がはっきりとした輪郭を持って、複雑なかたちのまま、この世に在ることを主張するようにスタジオの一角を占有していた。

邪魔だと感じることはあっても、それらの機材の存在を忘れることはないだろうと思った。

2018.8.29

配信、自作自演

バンドキャンプという音楽配信サービスで、自作したノイズ音楽を1曲100円で販売し、自ら100円で購入した。

バンドキャンプは大きな資本に頼らない独立系のアーティストを直接支援する役割を持っていて、設定金額よりも高い金銭を支払うことができる。サービス使用にかかる手数料も少なく、約7割がアーティストの収入になる。

サービス利用とクレジット会社の手数料を差し引いて72円の売り上げがあったことを告げるメールがすぐに届いた。当然のサービス提供と金銭の授受が行われただけで、単に28円を失った計算になるが、とても有意義な体験だったと思う。

楽曲を販売するにあたって最も悩んだことは、楽曲の値段についてだった。音楽リスナーとしての一般的な感覚では、100円から250円程度が妥当な価格だと感じる。ところが、自分の楽曲に値段をつけるとなると悩ましい。100円では制作にかかった労力に見合わない。1千円でも安いような気がする。

結果的に、産業の側に立って販売価格を設定した。アーティストとしての自分をいくらか踏みつけるような実感もあったが、時流を考えれば妥当な額かもしれないと決断した。笑ってしまうような自作自演の実験だったが、大きな学びがあった。

2021.3.3

体が発する音

２月５日、６日と東京・三鷹市芸術文化センターで行われるダンス公演『ＭｅＭｅ《ミーミー》』の音楽を制作した。

振付《ふりつけ》の三東瑠璃《みとうるり》さんは、僕がソロで発表しているアンビエント・ミュージックを聴いて、楽曲の制作を依頼してくれたそうだ。「無謬《むびゅう》」というタイトルで発表した作品は、ギターのノイズと三味線やサンプラーなどの即興演奏を重ねた、４６分の実験的な曲だった。新しい仕事につながるとは思っていなかったので嬉しかった。

三東さんの話を聞くと、「これといったメロディーやリズムのない、音楽でないような音楽を作ってほしい」とのことだった。とても難しい仕事だと思った。一定のフレーズやビートの反復に合わせてダンサーたちが踊るための音楽がダンスミュージックだとすると、それとは逆の考え方をしなければならない。

僕は細胞のなかを巡っては消える物質や電気信号のことを思い浮かべた。無音室のような空間にあっても、僕たちの体は、そこにあるだけでなんらかの音を発している。それを音楽だと考えることもできるだろう。

無音がふさわしい気もしたが、それでは工夫が足りないと思った。

ダンサーや観客たちの息づかい、衣服の擦れる音や足音、様々な機器からのノイズなど、舞台上のすべての音を包む細胞膜のようなサウンドを目指した。

2019.1.30

少しだけ心配なレコード

世界的にレコードの人気が再燃している。CDやダウンロードには及ばないが、全世界での販売枚数は今年、4千万枚に達する見込みだという。

実際に僕も、ここ数年はほとんどの作品をレコードで買っている。日本や欧米の都市には例外なくレコードの名店があって、ツアー先のレコード店を訪ねることも楽しみのひとつだ。

音の良しあしは作品によって様々だけれど、おおむね、温かく丸みのあるサウンドがレコードの魅力だろう。音量を大きくしても、キーンとした高音で耳が痛くなるようなことがない。大きなサイズのアートワークを楽しめるところも良い。

僕を含めて、多くのミュージシャンが好意的に捉えているであろうレコード人気。けれども、少しだけ心配なことがある。以前、アメリカの友人から「レコードをプレスする工場のラインが再発売されるベテランミュージシャンの過去作品で埋められてしまって、若手の新しいアルバムがプレスできない」という話を聞いたのだ。恨み節のような語気で語られた言葉だったけれど、考えさせられる内容だった。

懐古的な趣と商魂だけでは、レコード人気は単なるリバイバルや一過性のブームとして終わってしまう。

一方で、そんな心配を打ち抜いて僕が多くの人とシェアしたいのは、レコードは楽しいというシンプルな事実なのだけれど。

2017.4.26

仲間がいれば、やり直せる

曲がりなりにも大学を卒業し、就職難の最中、二次募集の求人に応募して、僕はサラリーマンになった。ついた仕事は小さな会社の出版部で、倉庫と書店や文具店を行き来する営業職だった。

当時の僕のバンドは、ドラマーが一時的に脱退したり、ギタリストが楽器も持たずにリハーサルに現れたりするような状況だった。誰にも発見されずに埋もれていくのだと観念しかけていた。ミレニアムというお祭りが過ぎ去った頃の話だ。

ガラガラのライブハウスで演奏をし続けるうちに、少しずつ状況は好転し、多くの人たちに助けられながら、僕はなんとか音楽で食べられるようになった。

デビュー前の暗黒時代は思い出す度に胸が苦しくなるが、徒手空拳のまま消え去る恐怖を思えば、どんな困難でも乗り越えられるような気がする。インターネットのお陰で、どこかのレーベルに発見してもらわなければ楽曲を発表できないという時代は終わった。仲間がいれば、どんな場所からでも、やり直すことができる。当時のような恐怖は抱かないだろう。僕たちには絶えず、鳴らしたい音楽があるのだから。

僕のバンド、アジアン・カンフー・ジェネレーションの新しいアルバム『ホームタウン』は、仲間と音楽を作る喜びで満ちあふれている。

誰かの耳に届く日が来たことが、とても嬉しい。

2018.12.5

人と奏でる、自分を見る

25年前に友人たちと結成したバンドの10枚目のアルバムが完成した。

バンドを始めた頃は、表現における一切合切が自分のなかだけにあって、音楽と孤独に向き合うことだけが、素晴らしい楽曲を作るための唯一の方法だと思っていた。しかし、やればやるほど、音楽は自分の内側には存在せず、むしろ他者との関係のなかにあると感じるようになった。

演奏から録音まで、すべてをひとりで成し遂げるのならば、この音楽は私のものだと言えるのかもしれない。しかし、生まれたばかりの子どもが言葉を知らないように、たったひとつのメロディーも知らないで、僕らはこの世に生まれる。言葉もメロディーも先人から受け渡されたバトンのようなもので、それを使って編み直したものが自分の楽曲や詩だとも言える。独創性が作品のどこに宿るのかを考えると、時間がいくらあっても足りない。

そこまで解体しなくても、仲間があってこそのバンドだ。彼らが鳴らす音と僕が鳴らす音、その一音一音にも調和や緊張といった関係性が立ち上がる。それは音楽の美醜そのものだと思う。

作品をかたち作る様々な関係には、私も含まれる。ゆえに、自分がどうあるべきかを考えずにはいられない。独善性を脱ぎ捨てて、技術や内面と向き合う。そのうえで他者と、どのような関係を築けるか。

2022.2.16

解散考

好きなバンドの解散はとても悲しい。できるならば、末永く活動して欲しいと心から願っている。

グループで行う創作活動には、様々な難しさがつきまとう。ときにはメンバーたちと相いれないほど、意見が対立することもあるだろう。

実際にロックバンドを組んでみて、メンバー全員の賛同を得ることの難しさを思い知った。時間も手間もかかるので、ときどき投げ出したくなる。ところが、バンドは誰かひとりがヘソを曲げるだけで、録音する楽曲のクオリティーやコンサートでの演奏力が低下してしまう。

その点、国会などの議会の仕組みは、良くできているように感じる。議会のように採決を行って活動方針を決定できれば、バンド内のもめごとが減るのかもしれない。もっとも、僕がやっているロックバンドは、多数決ができないうえに、誰も切り捨てるわけにはいかない小さな社会なのだけれど。

僕はバンドのメイン・ソングライターなので、解散や脱退をチラつかせて、メンバーに意見をのませることもできなくはない。でも、それではまるで暴君だ。すべての問題を放り出して、話もせずに逃げてしまえば楽だろう。けれど、僕には仲間と実現させたい夢がある。

解散ではなく、じっくりと話し合いたい。

2017.10.4

バンドと民主主義

複数の人間が集まって楽曲を制作するのは、難しいことだと改めて思う。

メンバーの意見をすべて反映させると、先鋭的なアイデアは平均化されて鋭さが減り、音楽的な面白みが減ってしまうと感じる。一方で、誰かのアイデアを実現するために他のメンバーが我慢するような状況が続くと、現場の空気が悪くなって、作品にも気まずいフィーリングがいくらか混ざり込んでしまう。

悩ましいことだ。

バンドの空気を乱したとしても、作品の美しさに向かって邁進《まいしん》したいという気持ちが僕にはある。すべての意見を通すことができたら、どれほど幸せか。けれども、専制のような方法で音楽を作り続ければ、いつかメンバーとの折り合いが悪くなって、バンドは瓦解《がかい》してしまうだろう。

バンド運営のもどかしさと民主主義の面倒臭さは、似ているところがあるのかもしれないと、ときどき僕は考える。

バンドは途中で投げ出すことができる。バンドをやめても僕の人生は続く。国家や社会となるとそうはいかない。何度も話し合いながら、すべての成員がなるべく気持ち悪くない落とし所を探し続ける以外に方法がない。それは楽曲制作とは違って、美しさを追い求めるというより、醜いところをひとつずつ改めてゆくことに近いのかもしれない。

2018.12.26

音楽的な進歩

今月から始まったアルバム制作の気分を高めるために、Disney +《ディズニープラス》で公開されたザ・ビートルズのドキュメンタリー『ザ・ビートルズ：Get Back』（ピーター・ジャクソン監督、２０２１）を観《み》た。

パート3まである映像は、とにかく長い。バンドに宿っていた魔法のようなエネルギーを呼び戻そうと、メンバーたちはセッションを重ねる。しかし、何かが起こりそうで起こらない。空気はどんどん重たくなって、瓦解するようにパート1が終わってしまった。

音楽的な進歩が感じられないセッションほど辛《つら》いものはない。自分のバンドでも時々生じる、重油のように鈍いスタジオの雰囲気を思い出して滅入《めい》る。

そうした空気を一掃したのは、鍵盤奏者のビリー・プレストンだった。彼が演奏に参加した途端、4人の表情があからさまに明るくなる。共有できなかったそれぞれのフィーリングが、言語化されない未明の状態のまま、一本の柔らかい糸で瞬時につなぎ合わされるようなシーンだった。音楽史に残るバンドマジックを積み重ねてきたザ・ビートルズにとっては、晩年の些細《ささい》な瞬間かもしれないが、その一端に立ち会えたような気分になって嬉しかった。

僕のバンドにも、思わずお互いの目を見合わすような素晴らしい瞬間が、これまでにいくつもあった。簡単には得られないが、その喜びを求めて、メンバーたちとスタジオに集まり続けている。

2021.12.15

音楽が目的だった頃

社交性のない僕でも、ときどき若いミュージシャンに誘われて食事に行くことがある。話題は決まって「音楽のこれから」に着地する。

僕らが世に出た2000年代の前半はCDが売れ続けていて、音楽だけの収入で生きていくことに夢や希望や、現実味があった。けれども、ここ数年はパソコンや携帯で音楽を聴く人が増え、音楽と音楽の容《い》れ物の関係性が急速に変化してきた。ＣＤは売れなくなり、最近ではダウンロードされる楽曲も減っているという。当然、ミュージシャンの収入にも影響する。

インターネットによって、誰しもが興味に即した情報に接続できるようになり、音楽のジャンルはそれぞれの興味に沿って細分化した。マイナーな音楽も検索サイトで見つけることができる。僕のような趣味の偏った音楽リスナーにとっては豊かな時代だろう。けれども、大きな音楽の町が村々に分かれ、人々の行き来が減り、すべての村を貫くような大ヒットが生まれにくくなった。音楽を生業にする方法ではなく、売れない音楽の続け方について考えなければならない時代だとも言える。

翻って「商売にならなければやめないといけない音楽」とはなんだろう。そうした呪いのような産業の要請から離れれば、むしろ音楽的な自由と豊かさが待っているように僕は感じる。音楽が手段でなく目的だった頃のように。

2017.5.17

「ガラパゴス」でいい

ポピュラーミュージックの評論に「ガラパゴス」という言葉が使われるようになって久しい。大陸と陸続きになった歴史を持たないエクアドルのガラパゴス諸島。その特異な生物相になぞらえて、欧米の大衆音楽の潮流とリンクしていない邦楽ロックバンドたちは、ガラパゴス化していると評される。

インターネットの登場で多くの音楽が記録され、世界中のどこからでも豊かなアーカイブに接続できるようになった。通信環境が整えば、地域や国境を越えて、同時代的なフィーリングやトレンドを共有できる。こうした時世に合わせて、グローバルスタンダードに目を向けよという意味が、ガラパゴス化という批評には込められている。

翻って、芸能は地域性の高いものだと思う。声明《しょうみょう》、能、浄瑠璃、歌舞伎、落語、都々逸《どどいつ》、浪曲。日本の伝統芸能に注目すると、器楽よりも歌や語りを中心に花開いた文化であることが分かる。芸能の独自性は風土の影響だけでなく、日本語の機能が育んだものではないかと僕は考えている。

地域性をユニークだと捉えるのか、閉鎖的だと捉えるのかで、「ガラパゴス」は別の意味になる。グローバルスタンダードを無批判に倣って、独自性のない日本語のロックを作ってしまうことが、最も恐ろしいことなのではないかと思う。

2017.11.22

グラミー賞の〝懐〟

日本出身のヒロ・ムライさんが監督を務めたミュージックビデオ『ディス・イズ・アメリカ』が、グラミー賞の最優秀ミュージックビデオ賞を受賞した。

昨年の5月に公開されたビデオには、大きな衝撃を受けた。すぐに歌詞を日本語に訳して、どのようなことが歌われているのかを理解したいと思った。

翻訳家の友人に協力してもらって翻訳すると、歌とリンクした映像には様々な意味が込められていることが分かった。奴隷時代から続く黒人の歴史、労働力としての搾取や経済システムに対する批評、ドラッグや銃の問題、それらを消費する現代の病巣についてなど、多面的に社会を描写している優れた作品だった。こうしたビデオが、最高の栄誉とされる音楽賞を受賞するのだから、アメリカという国は懐が深い。

作詞作曲した歌手は、映画『スター・ウォーズ』シリーズにも出演しているハリウッドスターでもある。社会問題を辛辣《しんらつ》に切り取る楽曲を人気俳優が歌うというだけで驚きだが、そうした作品にしっかりと予算がついて、クオリティーの高いビデオが制作される。

日本の芸能界ならば、公開までに自主規制がかかって作品が骨抜きになり、大きな音楽賞が与えられることはないだろう。

日本の表現の場が、より開かれた状況になるように、努力したいと思った。

2019.2.20

自覚的でない場所

楽曲制作など、音楽の仕事をしていると、環境がいかに大事であるかを実感する機会が多い。

本格的な録音スタジオと町なかにある練習用のレンタルスタジオでは、聞こえる音に差がある。読書に例えるならば、本格的なスタジオは文章の全文がくまなく読めることを目的に設備が整えられている。一方で町のスタジオでは、読書に関する楽しみは減らないが、文章がところどころ抜け落ちていたり、特定の段落だけが妙に大きな字に見えたりする。読める文字数と内容に差があること。これらを音の聞こえ方に置き換えてもらうと、環境としての差が理解しやすいのではないかと思う。

レコード会社と契約して本格的なスタジオを使わせてもらうまで、そうした差があることを知らなかった。自分たちの楽曲の全文を目の当たりにして、どこを書き直すべきか、編集するべきかを初めて学んだ。以前には、音楽に全文のような状態があることすら認識できていなかったのだ。

環境こそが僕を育ててくれた。どこに向かって努力するべきか知ることができたのは、才能や自力ではなく、全文が読めるようなスタジオに入る機会を得たからだと強く思う。何が問題なのか、本人にも分からない状況が存在すること。環境には、そういう怖さがある。音楽だけに限らず、社会問題の端々に通じることだと思う。

2023.4.5

厳しい環境が生み出すもの

音楽とは別の仕事をしながら音楽活動を続けているミュージシャンの手伝いをする機会が増えた。この2月は、40代の友人たちが10年ぶりに制作しているアルバムの録音がようやく終わった。

作業を始めてから、1年と少しの月日を要した。自由に使える時間がたくさんあるならば、1カ月くらいで完成しただろう。ところが、それぞれに仕事や家庭がある。余暇のすべてを音楽にあてるわけにもいかない。

作業がなかなか進まないことに歯がゆさもあったけれど、スタジオで一緒に音を出せることの尊さを感じた。時間を消費しているのではなく、それぞれの生活から特別な時間を持ち寄っているような感覚だった。

彼らが音楽活動だけで食べていける環境が作れたら嬉しい。だが、アルバム1枚の大ヒットで老後まで暮らせるような時代ではなくなってしまった。

僕が付き合っている他のバンドたちも総じて、音楽で食べていくことではなく、音楽を続けるためにはどうすれば良いのかという課題と向き合って、活動を続けている。どうにかして見つけた時間に、興味のない音楽を鳴らす隙間はない。すると作業は、自分たちのやりたいことだけに費やされる。

環境の厳しさが、意欲と表現とを強く結びつけているように感じる。そんな彼らの音楽が僕は好きだ。

2018.3.7

被災地にともる希望

未曽有の水害にみまわれた岡山県倉敷市《くらしきし》真備町《まびちょう》で、有志たちが行っている炊き出しに参加した。

この日は、夕食に友人が経営する店のハンバーガーが提供されるとあって、パンと肉を焼く鉄板やポテトを揚げるフライヤーなどの搬入から作業が始まった。ボランティアたちが手際よく調理場を組み立てると、ロックフェスティバルや催事で見かけるハンバーガーショップが、小学校の校門前に現れたのだった。

調理が始まると、肉とパンの焼ける香ばしい匂いが漂った。徐々に人々が集まって列ができた。僕の役割は、ハンバーガーが提供されている間に、余興として弾き語りを行うことだった。地元の市議が作った小さなベニヤ板のステージで、緊張しながら自作の歌を演奏した。

演奏後、共演の永山愛樹《ながやまよしき》さんのギターに子どもたちが群がっていた。「次は僕だ」と言い合いながら、交代でギターを肩からぶら下げ、見よう見まねで弦を弾《はじ》く姿がまぶしかった。

災害のただなかにあって、子どもたちの歓声が夕暮れどきの町を明るくしているようだった。この町には未来がある。そうした前向きな想像力をかきたててくれる存在だと感じた。

集合から解散までの間、朗らかに、ときに黙々と作業を行うボランティアたちの姿にも感動した。彼らの存在もまた、希望のひとつだと思った。

2018.10.17

境界線を溶かす

僕がはじめて日本以外の国で演奏したのは、2007年の夏だった。

韓国の仁川《インチョン》で行われたロックフェスティバル。「僕らの曲を知っている人などいないのではないか」という心配をよそに、何千人もの観客が熱狂的に迎えてくれて嬉しかった。演奏後のバックステージでは、強面《こわもて》の舞台監督が顔をほころばせながら、称賛の言葉をかけてくれた。共演した韓国のミュージシャンたちとも音楽の話をたくさんした。「音楽は国境を越える」というステレオタイプな表現よりも、「様々な境界線が音楽によって溶けてなくなる」という言葉がふさわしい体験だった。

一方で街に出てみれば、自分がビジターであることを強く認識するばかりだった。ハングルで書かれた看板はまったく読めず、台湾やアメリカの街へ行くよりも言語的な遠さを感じて、寂しい気持ちになった。

街中では時おり、軍服を着た若者を見かけた。フェスのステージから見た観客たちも、友だちになったミュージシャンたちも、男性は20代にかけて約2年を兵役に差し出さねばならない。そうした事実を思うと、フェスでの万能感とは裏腹に、自分がとてもちっぽけな存在に感じられた。

隣国で暮らす僕らにできることはあるだろうか。

文在寅《ムンジェイン》と金正恩《キムジョンウン》が手を取り合う姿を眺めながら、あの夏を思い出した。

2018.5.9

勉強をやめない理由

あらためて、ポップ・ミュージックのコード理論を勉強している。また、新しいボイストレーニングの教室に通って、歌唱に適した呼吸の仕方や、筋肉の使い方を学んでいる。

ロックという音楽には、洗練されていないことをある種の美しさと考える悪い癖がある。経験や学習が自由な発想の足枷《あしかせ》やブレーキの役割を果たすのではないかという恐怖を、僕も少なからず持っていた。

けれども、新しく覚えたギターの弦の押さえ方によって開かれる感覚がある。意識して聞いたことのなかった和音に導かれて、思ってもみなかったメロディーが頭に浮かぶ。学んで得た知識や技術は、自分が見たり感じたりしている景色に新しい角度を加えてくれる。勉強することの価値はここにあるのだと、いつしか素直に思えるようになった。

例えば、サイコロのような正六面体も、凝り固まったひとつの角度から眺めれば、ただの正方形にしか見えない。その正六面体も、もっと遠くから眺めれば、信じられないほど複雑な形の物体から欠け落ちた、砂粒かもしれない。

ひとつの角度からの眺めを真実だと妄信することの危うさを思う。凝り固まった態度や思考こそが、自縄自縛的に、自由な発想を妨げるのだと思う。

傲慢《ごうまん》な視点から、世界や社会のみならず、自分自身を眺めないこと。そのために勉強を続けたい。

2021.6.30

音楽の優劣

年末年始に、様々なメディアが選ぶ２０１８年のベストアルバムの記事をいくつか読んだ。音楽の魅力について語られている記事を読むのはとても楽しい。作品に対する切り口が、メディアごとに違うところも面白い。

ＣＤやダウンロードの販売数だけで作品が評価される音楽シーンでは、優れた商品であることのみが重視されるだろう。楽曲の質よりも、マーケティングに重きがおかれる向きには違和感がある。しかし、独創性だけを頼りに作品が判断されても、それはそれで窮屈なのではないかとも思う。

作品に対して様々な視点が存在していることは、音楽家やリスナーにとって、有意義なことだ。複数の視点が作品を立体的にして、そこで使われる言葉が音楽を豊かにする。けれども、作品を相対的に評価するのは難しい。それは音楽作品がとても複雑な技術の集合体だからだ。そのひとつひとつを分析して、全体の優劣を比較するのは困難だろう。芸術性に対する考え方も人それぞれだ。音楽を再生する環境もまた、それぞれ違っている。だから渾身《こんしん》のアルバムが年間ベストを選ぶ記事に取り上げられていなくても、落ち込んだり憤ったりする必要はない。

そう言い聞かせながらページを閉じ、自分なりの美しさに向かって、今年も音楽を作るのだ。

2019.1.9

記者の質問

音楽活動のなかで、最もストレスを感じるのは、楽曲やアルバムのプロモーションだ。作品が完成すると、レコード会社の会議室で、メディアの取材を何日も受けることになる。この時間を別の創作活動に使えたらと思うが、作品を広く知ってもらわないことには、僕たちは食べていくことができない。

悩ましいことだ。

それでも、作品について話す数十時間が無駄だとは思わない。記者やライターが様々な角度から質問してくれることで、自分の作品に対する理解が深まるからだ。

予定調和でない対話には楽しみを感じる。事実確認が目的ならば、レコード会社が用意した資料で十分だろう。取材の場が資料を読み上げるだけの意味合いしか持たないとすると、プロモーションは僕にとって、単なる時間潰しの地獄になってしまう。

話すつもりのない背景を語ってしまって後悔したこともある。けれども、客観的な事実だけを述べるインタビューよりも、リスナーにとって興味深い記事になったはずだ。

この話は、音楽の他にも適用できるのではないか。

例えば、事実の確認にとどまらない記者の質問が、広く政策についての理解を促すこともあるだろう。内閣官房長官の記者会見のあり方についての発言を読んで思った。

2019.3.13

隔たりがあっていい

コンサートツアーで日本の街々を巡っている。

マスクの着用や過度な発声の禁止など、コロナ禍以前にはなかった規制があるものの、音楽を楽しめる環境が少しずつ回復していることがとても嬉しい。

顔も名前もお互いに知らない、普段の暮らしのなかでは交わることのない私たちが、音楽を介して、短い時間でも似たようなフィーリングを共有することの意義を考える。音楽の本当の力はここにあるのではないかと思う。

不偏不党でいることは難しい。普通に暮らしているだけで、私たちは何らかの立場に足を置いている。考え方の違いがインターネットによって可視化されて、議論が深まるのではなく、分断が進んでいるように感じることが増えた。画面の文字を追いながら、分かり合えなさが目の前に積み上がっていくような社会を生きていると錯覚する。

しかし音楽は、主義や思想、社会的な属性、国籍や言語をこえて響く。何もかもが違う私たちが「今の音は美しかった」という感覚を、たった一瞬でも、言語化せずに分かち合うこと。それは、それぞれがそれぞれに隔たったまま何かをシェアできるのだという、人間や社会の可能性の証明ではないかと思う。

限定された場所での出来ごとかもしれない。しかし、音楽から感じた、隔たりながらも分かち合える可能性を僕は信じたい。

2022.7.6

「優秀」が招く無謀の暴走

インターネットの動画配信サービスで、『FYRE《ファイア》』という音楽フェスティバルのドキュメンタリーを観た。

アメリカ人の若い起業家が立ち上げたプロジェクトには多額の出資金が集まり、セレブたちを起用した広告が瞬く間に広まって、南の島での音楽フェスは順風満帆のように見える。ところが、音楽や音楽フェスに対する造詣《ぞうけい》がまったくない起業家と中心的な役割を担う仲間たちのプランは、でたらめと呼ぶにふさわしい。ステージなどの会場設定や宿泊施設が無茶苦茶《むちゃくちゃ》でため息が出る。

それでも、空中分解をギリギリで避けながら、フェスは開催日を迎えてしまう。

最も興味深かったところは、集められたスタッフたちが一流であることだった。様々な分野のエキスパートたちが、その優秀さによってでたらめな計画の破綻《はたん》を先送りにしてしまう。彼らがいなければ、早い段階で中止せざるをえなくなっていたことだろう。優秀な人たちによって淘汰《とうた》されるべきプランが、その能力によって、むしろ生き延びてしまうメカニズムに驚いた。

そして、無謀な計画は走り続け、破局を迎えた。

ただのフェスの失敗と笑い飛ばせない風景がそこにはあった。同じことが政治の現場で起きたりはしないかと想像すると、恐ろしい。

2019.2.6

音楽と政治

デヴィッド・バーンによるブロードウェーの舞台を記録した映画『アメリカン・ユートピア』（スパイク・リー監督、2020）を観た。1980年代に全盛期を迎えた彼のバンド、トーキング・ヘッズの楽曲が、11人のメンバーと共に瑞々《みずみず》しく演奏される様が感動的だった。監督のスパイク・リーが切り取ったそれぞれの表情や動きも素晴らしい。

発表したそばから楽曲が忘れ去られていくような昨今、時代を超えて聴き継がれることは難しい。楽曲の解釈に新しい意味や角度が加わることはなおさらだろう。かつては難解で風変わりだと思った歌詞が、現代の一面を捉えた表現として響く。アフリカ由来のビートは、白人による文化の剽窃《ひょうせつ》ではなく、人種や性別といった隔たりを超える振動のような役割を担っていた。

奇を衒《てら》うことなく、誇示したり遜《へりくだ》ったりすることもなく、相互関係の必要性や政治への参加を促すメッセージが放たれ、音楽的な魅力が社会的なイシューと切り離されていないところにも感銘を受けた。

「音楽に政治を持ち込むな」という言葉をよく見かける。こうした物言いに怯《ひる》む者は少なくない。しかし、人気や売り上げのために表現から社会を切り離すのならば、それこそが政治的な態度だと僕は思う。

朗らかに、社会に向けてメッセージを放つこと。デヴィッド・バーンが示した可能性に、僕は連なりたいと思った。

2021.6.16

2021の東京2020

東京オリンピックの開会式が終わった。冒頭のプロジェクションマッピングの演出を見ていると、振付師のMIKIKOさんが演出責任者を辞任するに至った経緯が頭を過《よ》ぎり、いたたまれなくなって画面から離れた。

2028年の開催地がロサンゼルスであることを思い出す。そこで行われる開会式では、映画や音楽だけでなく、様々なアーティストが前面に立ち、自由と多様性を掲げて人々を勇気づけるのだろう。諸手《もろて》をあげて称賛するわけにはいかないが、アメリカの文化とエンターテインメントの底力を思う。

東京では招致の段階から、政治家だけでなく組織委員会や広告会社の姿が前面に出た印象がある。オリンピック自体が巨大な商業広告であり、権威主義の象徴のように見えた。無観客でなければ、開会式には様々な組織のなかで力を得た人たちが参列し、お互いの名誉を称《たた》え合うためのセレモニーと化していたのではないかと想像する。

文化や芸術は、商業広告や権威の添え物ではない。しかし、隷属《れいぞく》的な役割を慎重に拒み、独立してきただろうか。そうした問いを、誰を批判するでもなく、自分自身にこそ向けたい。

何の添え物でもなく、アスリートたちの躍動が続いている。彼らの姿を免罪符とせずに、オリンピックにまつわる諸問題について、考え続けたい。

2021.7.28

戦場で

ウクライナのロックバンドのメンバーが病院や地下鉄、防空壕《ごう》や前線などを巡って、市民や兵士の前で演奏する動画ニュースを見た。発信元である英紙「ガーディアン」によれば「歴史上、最も危険なロックツアーの一つとして、語り継がれるに違いない」とのことだった。

戦時下という苦境のただなかで、音楽が人々を癒やす様子に心が動かされる。「戦争にだって音楽を止めさせる力はない」という友人の言葉を思い出した。しかし、このニュースを単なる美談として消費していいのだろうかという疑問も湧き上がる。

インターネットにしろテレビにしろ、僕たちは毎日、戦争のニュースに接している。それなくしては知ることのできない事実があるが、画面には映らない無数の市民の苦しみなど、想像しようもない複雑さから遠ざけるような統制力もニュースは持っている。

「銃を持てる者が国外に出られる法律はない」というロックバンドのメンバーの言葉は重い。一方で、彼は陸軍中尉の階級を持ち、国内を自由に移動できるのだという。

複雑さの前で立ちつくしてしまう。彼を勇敢だと思う反面、これぞロック的な態度だと称賛していいのだろうかとも感じる。

音楽が戦場を和ませるのではなく、どんな音楽家にも演奏する場があるような、平和な日常が戻ることを強く願っている。

2022.3.30

お蔵入りへの違和感

俳優やミュージシャンが不祥事を起こすと、出演したドラマや映画がお蔵入りになったり、音楽作品が店頭から回収されたりする。

本来、作品の制作者たち（レコードの制作者は多くの場合、レコード会社だ）は作品を守る立場にあると思うけれど、彼らが守るのは決まって会社という組織の立場だ。

音楽を例にすると、「今後についての契約を解除する」ということならば、その人自身の信用に対する判断なのだと納得できる。一方で、過去のすべての作品を店頭や配信から引き揚げることには、違和感がある。

不利益を被るのはリスナーではないか。配信サービスなどで音楽を楽しむ人にとっては、突然、特定の作品がプレイリストから削除されることになる。その人の人生や生活と密接に結びついている楽曲があるかもしれないと思うとやりきれない。

コピーコントロールCDという悪例を思い出す。作品を違法コピーから守るという目的でレコード会社が導入した技術は、リスナーの自由を制限する性質のもので、不興を買った。ミュージシャンたちもバッシングを受けた。

もちろん、何らかの過ちを犯した人間は、法律に従って罪を償うべきだ。

けれども、その場しのぎの対応によって作品に接する機会を奪われるのは、視聴者だということを忘れないでほしい。

2019.3.2

観客がくれる解放

僕が所属するバンドのツアーが始まった。CDが売れない時代になったと言われているけれど、コンサートで音楽を楽しむ人の数は、むしろ増えているように感じる。

20年前は、CDに収録された楽曲が忠実に再現されているかどうかに、多くの観客たちの興味が注がれていたように思う。僕にも、それに応えようという気持ちがあった。最近では、その日だけの特別な体験を得るための機会として、コンサートが位置づけ直されているように感じる。

それは、とても幸せな変化だと思う。

端的に言えば、録音物は過去の演奏の記録だ。20年前に録音した作品は当時のままだが、人間は変わっていく。

録音物の再現をただひとつの正解とすると、それ以外は不正解になる。そのような性質は、演奏者に不要な緊張を強いる。完全に再現するには、録音物を再生する以外に方法がない。それでは、いずれ生演奏がステージから追い出されてしまうだろう。

ステージの上では、二度と体験できない、その日そのとき限りの音がいつも鳴っている。観客たちが、その特別さに敏感になっていると感じる。それが「この瞬間のために躍動してくれ」という願いや許しとなって、演奏する僕たちの心と体を解放している。

2019.4.3

3月末で営業を終了するレコーディング・

スタジオが閉じること

スタジオで、新曲の録音をした。

デビュー当時、アルバムの最後の曲のイントロを上手に弾くことができず、何の成果も得られないいままスタジオから帰ったことを鮮明に覚えている。2枚目のソロアルバムでは、海外のプロデューサーと作業をしたこともあった。録音や作曲に対する新しいアプローチを見つけたターニングポイントと呼べる時間だった。そのような経験をしたスタジオがなくなってしまうのはとてもさびしい。

建物の老朽化、家賃の高騰、業績の悪化、スタジオが閉まる理由はいくつもある。最近では、商業用スタジオの営業終了のニュースに驚かなくなったが、ゆっくりと首を絞められていくような気分だ。ドラムの録音などに適した、広くて天井の高いスタジオがじわじわと減っている。

去年の秋にロンドンで使ったスタジオは街の一等地にあったが、スタジオを文化的な財産だと考えるオーナーによって、採算を考えずに運営されているとのことだった。スタッフたちもそのことを誇りに思っている様子でうらやましかった。

その場所でしか響かない音や録《と》れない音がある。音楽的には価値のあることだけれど、必ずしも金銭的な価値に交換できるとは限らない。利潤を追求する社会のなかで、そうした価値が見落とされ、失われるのは悔しい。

2020.2.12

音楽の実用性から離れて

友人のバンド、ロットバルトバロンの神奈川芸術劇場公演に出演した。

大きなスタジオの中央にステージを設置し、立体音響で会場全体を包み込むような舞台設定が現代美術のようで新鮮だった。

冒頭の50分の詩の朗読が特に素晴らしかった。バンドメンバーと様々なサウンドやノイズを即興演奏で重ねながら、ボーカルの三船雅也と共作した詩を往復書簡のように読み合った。コード進行などの楽理から離れて、それぞれの音の感触だけが空間を揺蕩《たゆた》い、僕たちは緊張したり緩んだりしながら、紙に書かれた言葉を発音していった。

実験音楽家のダニエル・ロパティンの「自分にとっての音楽というのは、自分が世界というものをどう体験しているかを率直に表出したものであってほしい」という言葉を思い出す。人間は様々なシチュエーションで音楽を使う。例えば、リラックスするための音楽や気分を盛り上げるために聴く音楽。そうした実用性から音楽を引き離したいと彼は言う。僕たちの演奏はまさに実用的な性質から離れて、文学と詩の力を借りながら、何にも使役させられない音楽として、そこに在ったと思う。

音楽についてだけでなく、社会との関わり方や、人間としてどのように生きているのかまでもが、それぞれ演奏や鳴らす音に現れたような時間だった。

2022.5.11

「音楽は俺たちのものだ」

アメリカの権威ある音楽賞、グラミーアワード。今年の最優秀新人賞はシカゴを拠点に活動しているラッパー、チャンス・ザ・ラッパーが受賞した。

彼の受賞がユニークなのは、これまでに1枚のCDやレコードも発売していないというところだ。別部門で受賞したアルバムも前2作と同様、無料配信でリリースされた。故に、ラジオ局に配られたサンプル盤のレコードを除き、誰も彼のアルバムを商品として手に取ることができなかった。

グラミー賞の名前の由来になったグラモフォンは、エジソンが発明した円筒式蓄音機＝フォノグラフに遅れること10年、1887年に発明された。以来、多くのポピュラー音楽が回転するメディアに記録され、販売されてきた（CDもハードディスクも回転する）。音楽はいつしか巨大な産業に成長した。

グラモフォンが登場した頃、ミュージシャンが高額所得者になることを想像した人があっただろうか。当時は、大衆音楽は権威や産業とは無縁だったのではないかと想像する。人々の身体を通して、無償で受け継がれるものだったはずだ。

そういった意味では、斜陽と言われている音楽産業にあって、大衆音楽は権威や産業を離れて、人々の手に戻ろうとしているのかもしれない。

アルバムの冒頭で、彼が繰り返し歌うラインはこうだ。

「音楽は俺たちのものだ」

2017.4.5

丸裸になったとき

世間の評判のすべてを引き剥がした丸裸の自分には、

一体何が残るのだろうかと時々考える。

ポピュラー音楽の世界では、自分ではどうすることもできない人気という要素に活動が影響を受ける。例えば、ヒット作に恵まれれば活動の経済規模を広げることができ、高級なスタジオやコンサートホールを使うことができる。

しかし、人気と自分たちの達成度が等号で結ばれるとは限らない。世間の評判と自己評価の間には少なからず差異があり、賛辞によってむしろ悩みが大きくなることもある。

東日本大震災の直後に、大きな被害を受けた陸前高田《りくぜんたかた》市の中学校の体育館で歌う機会があった。平日の昼間で若者はほとんどおらず、ロックミュージシャンの僕のことを知っている人は皆無と言ってよかった。マイクが一本しかない環境のこの場所で、何を鳴らせるかだけが、ミュージシャンとしての自分のすべてだと思った。驕《おご》りも卑下も捨てて、真っすぐに音楽を鳴らす以外になかった。それだけが、段ボールで仕切られた避難所で休む人たちと僕の接点だった。

あの日の体験に僕は救われ続けている。自分の音楽の拠り所《よどころ》が明確になった瞬間だったからだ。

それはまた、厳しさでもある。いつでも、丸裸で音楽を鳴らす決意と音楽的な技術があるのかを、僕に問いかけてくる。

2022.10.26

第4章

どん底から、未来を見ている

〈世の中の章〉

子どもの頃から、不思議でならないことがある。

小学生の頃のお小遣いは、1日50円くらいだった。駄菓子屋で、どう使ったら楽しめるのかを真剣に考えて、一生懸命計算した。我慢して次の日にたくさん買おうとか、何日か貯めておいて『週刊少年ジャンプ』(集英社)を買おうとか、そうやって過ごしていた。

でも、その横で駄菓子を箱買いしてる子もいた。

そういうときの違いやコントラストが、ずっと胸の奥に残ってつっかえていた。CDを借りてきて、安いラジカセでチクチクとテープに録音して聴く自分と、正月に10万以上するコンポを買う友達の違い。
どうして差があるんだろう。こういう違いは、黙って受け入れなきゃいけないことなのだろうか。子どもの頃の素朴な疑問は、大人になって問いに変わった。

例えば、家計に余裕があって学習塾に行ける子たちと、そうでない子たちがいること。受験という仕組みのなかで、機会が平等だとは言い難い。経済的な格差と、それにまつわる不平等が、多くの子どもたちの可能性を奪っていると思う。

僕が社会問題に関心を持ったり、憤りを感じたりする原点は、そこにあると思う。もしかすると、自分も駄菓子を腹一杯食べたかったとか、箱買いしてみたかったとか、そうしたせせこましい嫉妬が、ずっと心に残っているだけなのかもしれない。

ただ、自分のことから離して眺めれば、子どもたちが直面する様々な社会的な不平等は、僕たち大人が解消しなければいけないことだと思う。

世の中に起きている問題について自分の考えを書こうとするとき、一番怖いのは、断言することだと思う。自分は無謬で誤りのない人間なのだ、という確信を持って書くことの恐ろしさ。

為政者に対して厳しい意見を叩《たた》きつけるように書くことは、そんなに難しくない。ただ、民主主義社会の一員である僕にも、政治や社会が抱える問題の責任がまったくないとは言えない。

正義感を持って、断言して、他者を罰する人があふれている。悪気なく、エンタメみたいな感覚で「私刑」を行っているように見える。

自分もそんな書き方をしてしまっていないだろうか。いつも考え、悩む。落ち込んだり、深く反省したりすることもあった。

自分が綴《つづ》る言葉で、少しでも世の中がやわらかくなったらいいなと思う。

でも、どういう言葉選びが、世の中をやわらかくするのだろうか。

弱い音

3年ぶりに来日したアメリカのバンド、パンチ・ブラザーズのライブを見た。彼らはアメリカの伝統音楽、ブルーグラスを基調とした編成のバンドだ。

マンドリン、ギター、バンジョー、フィドル、そしてウッドベースの5人組が、ステージの中央に立てた1本のマイクを囲んで演奏がはじまった。ソロパートを弾く楽器がマイクに近寄ると、伴奏を行う他の楽器はマイクから少し離れる。立ち位置はそのままに前後の関係を入れ替え、各自が演奏の強弱をコントロールして、全体の音量を整えながらコンサートは進んだ。

フィドルやギターといった音の大きな楽器が、あるいは歌声が、爪弾かれるバンジョーのフレーズやマンドリンの演奏をかき消すことなく、すべての楽器の音が客席に届いていた。彼らの演奏技術の高さに、同行した音楽仲間たちも圧倒されたようだった。

小さな音にも、鳴り響くスペースがある。それは簡単なようで難しい。

例えば、歌の主旋律が、他の楽器のささやかなフレーズを覆い隠してしまうこともあるだろう。小さな音や弱い音にも意味があり、存在する場所がある。そんな彼らの演奏を、とても豊かで美しい音楽だと感じた。

僕らの社会はどうだろうか。弱い声や小さな声がかき消されない社会こそが、豊かなのだろうと思った。

2019.7.17

「男社会の一部」として

ここ数年、楽曲制作のプロデュースの仕事をする機会が増えた。ミュージシャンたちと意見を交換しながら、作品を作り上げていく作業は刺激的でとても楽しい。

もちろん難しさもある。

例えば、僕の意見や疑問が音楽的な美しさに捧げられたものだとしても、彼らの「誰にもなめられたくない」というような感情にブロックされて、進めなくなってしまうことがある。そういうときには、僕の心のどこかに、権威的な欲求があるのではないかと疑うようにしている。

また、女性ミュージシャンたちとの会話のなかで、彼女たちのファイティングポーズが、僕だけではなく、僕の背後にある大きな何かに向けられていると感じることもあった。

振り返って世の中に目を向けると、「男社会」と呼ぶしかない、男性中心の遅れた社会が横たわっていた。ロックバンド界隈《かいわい》もそうした雰囲気は否めず、ガールズやらギャルやら余計な言葉を使いたがる。そこにはある種の偏見や差別がこびりついている。彼女たちの強張《こわば》りは、こうした言葉や態度と対峙《たいじ》するうちに自然と身についたものだろう。彼女たちに不当な戦いを強いてきた歴史そのものの表出だと言えるのかもしれない。

その責任は僕にもある。社会や文化を強張らせている「男社会」の一部として、猛省したい。

2017.11.8

良い演奏家のように

森喜朗《もりよしろう》氏の不適切な発言について考えるなか、友人に薦められて『99%のためのフェミニズム宣言』(シンジア・アルッザ、ティティ・バタチャーリャ、ナンシー・フレイザー著、人文書院)という本を読んだ。

端的に説明するのは難しいが、少数の特権的な女性が同じ階級の男性と同等な立場へと駆け上がることを目的としたリベラル・フェミニズムではなく、資本主義が要請する様々な分断や対立、搾取や困難に立ち向かう新しいフェミニズムについて宣言する本で、とても勉強になった。

訳者の恵愛由《めぐみあゆ》さんのあとがきが素晴らしい。様々な人たちと手を取り合おうとするなかで「女性」というフレームを設定する必要があるのは、そうしなければ語られない言葉があるからだと惠さんは記す。そして「女性」という窓を開くことは最初の一歩に過ぎず、もっと多くの属性について想像しなければならないのだと。

その先では、男性という役割を強要される人たちの生きづらさもまた、ひとつの窓として覗き込まれるはずだが、ネットではフェミニズムへの反動が起こる。「俺たちの話から聞け」ではさもしい。

抗《あらが》うべき敵は資本主義だと本書は喝破する。文化、人種、民族、セクシュアリティー、ジェンダーによる分断を乗り越えるべく、それぞれの苦しみや経験を認識して連帯しよう、と。

調和のためには、聞くことが何よりも重要だ。良い演奏家は、必ず他者の演奏をよく聴いている。

2021.2.17

前進していると思っていた

ネットフリックスで、映画『軽い男じゃないのよ』（エレオノール・プリア監督、2018）を観《み》た。男尊女卑を体現するような主人公のダミアンが、彼の普段の振る舞いをそのままひっくり返したような女性優位の世界に迷い込む物語で、考えさせられることだらけの作品だった。

男女の機会を均等にしようという機運は、自分が子どもの頃に比べればいくらか前進しているように感じる。しかし、この映画を観ると、そう感じていた自分が恥ずかしくなるくらい、その前進が足りないことを思い知らされる。

例えば、反転した世界では、街の様々な場所に必要以上に性的な、半裸の男性が使われた広告が並んでいた。反射的に嫌悪感を抱いたが、自分が暮らす実社会には、いたるところに性を強調された女性の広告が存在している。そのシーンから感じたほどの嫌悪感や違和感を社会の実相に持っていなかったことが、男性としての自分の無自覚で無神経な優位性を証明している。後ろめたい気持ちでいっぱいになった。

今さらそんなことに気がついたのかと怒る人もいるだろう。その通りだと思う。映画のなかならば、自分は何を今さらと憤る人のひとりだったはずだ。

とても恥ずかしいが、この恥ずかしさをごまかしたり開き直ったりすることなく、社会的な性差の問題について学びたい。変化の一部になりたい。

2022.12.7

正月のごみに映るもの

ごみ集積所に積み上げられた家庭ごみの山を前に愕然《がくぜん》とすることが、正月の恒例行事のようになっている。ごみの収集が数日止まるだけで、集積所に立ち入ることすら難しくなる。

収集がないことを念頭に置いて、なるべくごみの出ない生活を年末年始に心掛けたつもりだった。しかし、おせち料理に飽きてスーパーマーケットへ行き、プラスチックで個包装された食材を買って食べ、それなりの量のごみを袋詰めにして集積所に置きに行く。毎年のように正月のごみの多さに驚きながらも、自分のライフスタイルこそが大量の廃棄物の原因であるという現実を、何ら改善できないでいる。

ごみを前にして素朴な疑問が湧き上がる。数日で膨れ上がるごみ集積所を見れば、ごみ収集という仕事の重要性が分かる。しかし、社会がその従事者たちに、役割の重要性に見合うだけの報酬を支払っているとは思えない。ごみの収集のみならず、介護や看護や保育や教育など、社会の維持に欠かせない様々な分野に共通した問題だと思う。

ごみは私たちの購買の記録であり、もちろん「要らない」という選択そのものでもある。各々《おのおの》の消費活動の集積とも呼べるごみの山は、強《したた》かに私たちの社会を映している。それぞれのごみ袋が、不均衡な社会を無言で支持する投票券のように思えて、何とも言えない罪悪感が胸の内に広がった。

2023.1.11

この商品の向こう側

スーパーマーケットに瓶詰の鮭《さけ》を買いに行った。

いくつかの商品を手に取って眺めていると、そのうちひとつのパッケージには「手ほぐし」と大きく書かれていることに気がついた。

書かれていることをそのまま受け止めれば、この瓶のなかの鮭は機械ではなく、誰かの手によってほぐされているのだろう。パートの従業員たちかもしれないし、あるいは、専門の職人がいるのかもしれない。薄手の透明な手袋を両手にはめ、帽子とマスクを着用して、清潔な作業服で鮭をほぐす人たちの姿を想像した。

普段は無造作に買い物かごに放り込んでいる商品たちも、誰かの手によって製造されている。オートメーションによって、ほとんど人の手がかからない品物もあるかもしれないが、原材料までさかのぼれば、すべての工程をロボットやAIで行うことは不可能だろう。どこかで必ず人の手が加わっている。

そうした性質を考えると、買い物一つひとつの重みが違ってくる。

例えば、激安商品の向こうで、安さのために誰かの賃金が抑えられているのではないかと思うと、なんとも言えない気分になる。1円でも節約したいという思いが、他者の生活から何かを奪うかもしれない。

考え過ぎだろうか。

けれども、商品は誰かの生活とつながっている。

2018.4.11

「良いもの」を育み、手渡す

先日、伝統野菜や固定種と呼ばれる野菜の種を販売している「野口のタネ」の野口勲さんの話を聞く機会があった。

固定種とは、それぞれの地域で受け継がれ、形質が固定された野菜だ。自家採種を行って栽培することができ、野菜本来の味が楽しめるのだという。

一方で、僕たちがよく口にしている野菜は異品種を交雑した「F1」と呼ばれる雑種だ。消費者や外食産業などのニーズに合わせて、味や形、収穫時期がそろえられ、年に何度も栽培できるように開発されている。ところが「F1」の野菜は、次世代の特徴がそろわず、まばらな野菜しか採れない。だから、農家は採種せず、新しい種を業者や農協から購入することになるのだと知った。

買う以外に方法がなければ、農家の立場は悪くなるだろう。大企業が野菜の種を独占するような時代が来るのかもしれない。

そのような状況を避けるために何をしたらいいのか、という質問にはにべもなく、「買わなければいい」と野口さんは即答する。「形の良さにとらわれず、より良いものを選び、種をまいて育てる。そしてまた種を採り、まく。それを続けて欲しい」とも。

選ぶだけで終わらずに、育むこと。そして、次の世代に手渡すこと。農業だけでなく、身のまわりのいろいろなことにつながっている話だと感じた。

2017.10.25

旅に刺さった一つの棘

ラーメン屋のカウンターに座る客が「韓国人は出て行け」と観光客に凄《すご》む動画を見て落ち込んでいる。

僕がやっているバンドはどういうわけか海外でも少し人気があって、頻繁ではないけれど、ヨーロッパやアジア各国、最近では南米にまでツアーに出かける機会を得るようになった。

英語の通じる国や地域ばかりではないので、ガイドなしでの食事や買い物の際には、言葉の面で苦労することが多い。フィーリングのようなものを手掛かりにどうにか注文を成立させて、昼食にありついた日もあった。それぞれの国で、ほんの少しの時間を共有する人たちが分け与えてくれる優しさに助けられてきた。

一方で、嫌な出来ごともあった。ヨーロッパのある町で、通りに面したにぎやかなテラス席ではなく、レストランの奥まった場所に案内されたのだ。そこは僕が惹《ひ》かれたテラス席の雰囲気とは別世界で、がらんとした店内にいるのは僕と中国人女性客のふたりだけだった。明らかに、アジア人の僕と彼女だけが隔離されている様子だった。

その経験以来、その町の美しい大聖堂は、なんだか灰色がかって見えた。楽しいツアーの思い出に棘《とげ》のように刺さって、なかなか抜けなかった。

差別は愚かな人間のすることだ。想像力と優しさで、世界中の人たちとハグし合うような社会の一員でありたい。

2017.5.24

「キョウボウザイ」と共に立つ

「テロ等準備罪」の法案が可決した翌週、ラッパーのSKY《スカイ》-HI《ハイ》が『キョウボウザイ』という楽曲をインターネット上に公開した。不穏なトラックに乗せて、法律と政権の姿勢に率直な疑問を呈する曲だ。彼はＡＡＡ《トリプル・エー》というパフォーマンスグループで芸能活動をしながら、地道にストリートでスキルを磨いてきた異色のラッパーだ。様々な先入観を覆しながら、活躍の場を広げている。

多くの芸能人たちが社会や政治に対する発言を避けるなか、彼が起こしたアクションを僕は支持する。僕と同じような気持ちで、彼の行動を称賛する人たちもたくさんいるだろう。それは素晴らしいことだけれども、一方で危うさもはらんでいる。「もっとやれ」とたきつけて彼に役割を押しつけてしまえば、強いリーダーに漠然とした社会変革を望むメンタリティーとなんら変わりない。その道の先では、彼とは別の独裁的な権力が待ち構えている。

僕たちがすべきことは、彼の傍らにそっと立つことではないだろうか。行動を起こした人たちが重い荷物をひとりで背負わなくてもいいように、それぞれの生活のなかから、少しの力を差し出して、重荷を分担することではないだろうか。

そうしたささやかな力の集積こそが、社会を少しずつ豊かにするはずだ。

2017.6.28

表現者たちへの狼煙

豊田利晃《とよたとしあき》監督の短編映画『狼煙《のろし》が呼ぶ』を観た。

豊田監督は2019年の4月、祖父が戦時中に護身用として使っていた拳銃を遺品として保管していたところ、拳銃の不法所持の疑いで逮捕された。逮捕時の映像が映し出された画面を覚えている。ひとりの映画監督を社会から排除し、犯罪者だと決めつけるような報道だった。

事件は不起訴となり罪に問われなかったが、そうした事実が逮捕のときのように大きく報じられることはなかった。

名誉回復のためには記者会見という手段もあったが、豊田監督は「映画監督は映画で返答する」と、短編映画を制作した。それは平和と自由と平等の希求であり、崩壊する社会への反逆でもあるのだという。

映画では、眼光の鋭い男たちが狼煙を合図に、共同体や信仰を守るべく神社に集う。何者かの襲来に立ち向かうために懐から取り出される拳銃。それは時代を経て少女の手に渡る。男たちが何者かに立ち向かう、まさにこれからという場面で映像は断ち切られて、映画は唐突に終わり、オリンピックに向かう東京の街並みが映った。

この映画は、同時代を生きる表現者たちに向けて「今こそ、表現者にできることをしよう」というメッセージを送るための狼煙だろう。同時に、僕たちにできることは何か、という問いとして受け取った。

2019.10.2

戦うあなたを支持したい

チリの首都サンティアゴで行われた、ピニェラ大統領の辞任と経済改革を求める抗議デモに100万人の市民が参加したというニュースを読んだ。サンティアゴ周辺では、別のデモの一部が暴徒化したために非常事態宣言が発令され、治安維持に軍が出動したという報道もあったが、今回は平和的な雰囲気だったと記事には書かれていた。

数年前にサンティアゴに行った。高速道路から見えるバラックの集落と、高層ビルが屹《きっ》立《りつ》する繁華街のコントラストが印象的だった。コンサートでは6千人の観客に迎えられ、忘れられない体験となった。

情勢が心配になり、SNSで件《くだん》の記事をシェアしたところ、サンティアゴに住むファンたちからメッセージが届いた。「1973〜90年まで行われた独裁のプロセスが再び行われることを市民は恐れている。しかし、私たちは自由と経済の平等と、次世代のより良い教育のために戦い続ける」と書かれていた。治安部隊が無防備な市民を警棒で殴っているような動画も同時に送られてきた。

チリは軍部のクーデターによる独裁政権を過去に経験している。言論の自由が抑えられ、政権に反する者たちが迫害された。その後選挙によって人々は民主主義を勝ち取った。

100万人の市民は、再び民主主義が奪われる芽を摘み取るために街へ出たのだろう。

彼らを支持したい。

2019.10.30

怒りと願いとカップヌードル

テニスの全米オープンで優勝した大坂《おおさか》なおみ選手のパフォーマンスが話題になっている。

人種差別に反対する態度への称賛と連帯の声が多いと感じるが、アメリカ各地で起きた暴動や略奪といった負の側面を表面的に捉えて、彼女の言動を批判する人もいる。

人種差別に関する暴力的な反動をどのように考えるべきかということについて、なるほどと思える投稿を見つけた。それは、ブラック・ライブズ・マターという運動こそが、人種差別的な事件に対する反動を、社会的な運動へと転換させているという内容だった。

つまり、暴動や略奪を煽《あお》っているのではなく、むしろ、積年の人種差別に対する市民の怒りや憤りに、社会活動や政治運動としての出口を用意し、知性を与えているのだと。そう考えると、僕たちのすべきことが見えてくる。それは人種差別に反対する運動を応援することだ。

暴動や略奪は許されることではない。ただ、それを許すまじと思うならば、引き金となった事件と背景を調べ、奴隷貿易の時代から続く不当な立場の改善と人種差別の廃絶を同じ強さで願うべきだろう。

企業にも社会貢献が求められている時代だ。日清食品が彼女を全面的に支援するならば、僕は日本人として誇らしく思う。カップヌードルは世界中で食べられているのだから。

2020.9.23

同意できずとも尊重なら

アメリカの社会問題をユーモラスに切り取った『キラー・マイクのきわどいニュース』というネット配信の番組がある。

ラッパーのキラー・マイクは、様々な考え方を持つ人たちで構成された音楽グループを企画する。集められたのは、黒人活動家やフェミニスト、白人至上主義者など。彼らはそれぞれの思いを歌詞にしたためるが、立場の違いから衝突が起こる。特に白人至上主義者、キースの書いた人種差別的な言葉が、メンバーからの非難の的になる。差別的な文言は削除されると思ったが、表現の自由を理由に、歌詞はそのままにされた。コンサートでは、彼の歌詞によって会場の空気が凍りつき、キースの目は激しく泳ぎ続けた。

観客たちは終演後のインタビューで不快感を口にした。「不愉快だけど、音楽は音楽。皆がそれぞれのメッセージを持っている。同意はしないけれど、尊重しあうのがアメリカ」という言葉が印象的だった。

差別的な表現は残念だとしたうえで、「同意はしなくても、殻の外からの声を聞くことが重要だ」とキラー・マイクも続く。

言いたい放題を表現の自由とは呼びたくない。けれども、不適切な表現があったとき、どのようにして押し返すのかが、表現の自由の萎縮を防ぐのではないかと思った。

2019.2.27

「自己責任」の息苦しさ

フリージャーナリストの安田《やすだ》純平《じゅんぺい》さん

が解放されたという一報を聞いて、「助かって良かった」というシンプルな感想だけが胸のうちに広がった。

ところが、数日のうちに「自己責任だ」と安田さんの行動を非難する声がネット上であがった。安田さんが記者会見を開いた後には、彼を揶揄《やゆ》する多くのフェイクニュースが流れた。

戦場などの危険な地域を取材するジャーナリストたちは、様々なリスクについて、それなりの情報と覚悟を持っているはずだ。安田さんは自らの判断でシリアへ行き、取材の過程で武装グループに拘束された。安田さんいわく、一時は身動きも許されない環境だったという。そのような立場に3年以上も置かれたこと自体が、負うべき責任の範囲を超えているのではないかと僕は思う。

本来、人間は誰からも拘束されるべきではない。これは誰もが生来持っている基本的な権利だ。不当に基本的人権を侵害された人が、さらに負うべき責任とは何なのだろう。シリアで殺害されよということなのか、すべての人が許すまで土下座せよということなのかは分からないが、将来の見えない境遇から生還した人に向けられた言葉は、巡り巡って僕にも向けられているような気がして、息が苦しくなった。

過酷な体験を記事にするための気力と体力が、安田さんに戻ることを願う。

2018.11.7

地球平面説の信者たち

「地球は球体ではなく平面だ」という説を信じる人たちに迫った『ビハインド・ザ・カーブ』（ダニエル・J・クラーク監督、2018）という映画を観た。

地球平面説を信じる人たちは、地球は一枚のプレートであり、陰謀によって真実が隠蔽《いんぺい》されているのだと主張している。世界の端は巨大な壁で囲まれ、空はドーム型のディスプレーなのだと、中心人物たちは目を輝かせて語る。彼らの主張は陰謀論だと一笑することもできるが、映画の終盤に収められた物理学者たちの自省の言葉を聞いて、深く考え込んでしまった。

「妄想」や「クレージー」の一言で片付けたり、恥をかかせて改心させようとしたりすると、最悪の場合、彼らを完全に社会の片隅に追いやってしまうと物理学者たちは語る。

地球平面説を信じる人たちは、どこかしらに社会からの疎外感を抱えているようだった。それを埋めるためのコミュニティーを求めて、陰謀論のもとに集っているとも言える。各々のアイデンティティーを保つための命綱のようにも映った。

「社会も彼らを失う」という物理学者の指摘は鋭い。彼らも社会の一員であり、疎外してしまえば、社会が細るのは当然だろう。

地球平面説の例が、巷《ちまた》にあるすべての陰謀論と重なるわけではない。けれども、分断や拒絶ではなく、対話と包摂の可能性を諦めずに考えたいと思った。

2021.1.20

「許せない」を力に換えて

音楽家の小山田圭吾《おやまだけいご》さんが公表した「いじめに関するインタビュー記事についてのお詫《わ》びと経緯説明」を読んだ。タイトルにあるような内容のみならず、音楽活動における自身の内面にまで言及した赤裸々で誠実な文章だと感じた。

過ちを認めて正しくあろうとする人に対して、社会の側がどうあるべきか。また、社会の側にはどのような責任があるのか。考えずにはいられない。

人々が社会的な正しさについて考え、自由に意見を交換することは、社会をより良くするための推進力になるはずだ。しかし、小山田さんに向けられた怒りが彼を一方的に叩《たた》き潰《つぶ》すためだけに使われれば、社会の側が才能ある音楽家を失うだけだと僕は思う。非を認めた弱い立場の個人に対して、SNSなどで人々が集団的に攻撃的な言葉を浴びせる状況は、いじめと相似形であるようにも見える。

小山田さんが今後の活動のなかで果たしていく責任とともに、彼の過去の行いを「許せない」と思った私たちの側にも、それぞれに担うべき役割があるのではないか。憤りを別のエネルギーに換えて、いじめという社会問題や障害者の置かれた差別的な環境の改善に注いでこそ、それぞれの思いが社会的な意味を持つと僕は思う。

問題の外側に自分を置くのではなく、当事者のひとりとして、担うべき役割について考えたい。

2021.9.22

過ちを犯した人に

「何かした人は絶対にだめだとは、人権教育の上でもしたくない」

前川喜平《まえかわきへい》・前文部科学事務次官が講演した名古屋市内の中学校の校長が、記者会見で発した言葉だ。

文部科学省は名古屋市の教育委員会に対して、前川氏を招いた狙いや、講演の内容について問い合わせ、録音データの提供を求めていたという。それを受けた記者の「問題を起こした人を教育現場に招くのは妥当か、と文科省は質問しているのでは」という指摘に、校長は先に書いたように答えた。

人生における失敗や過ちはどんなものであれ取り返しがつかない、そう考えながら生きていくのはつらい。普段、何気《なにげ》なく歩いている道が断崖絶壁の間に架けられた細い板だとしたら、僕は足がすくんで動けなくなるだろう。

石でも汚い言葉でも、罪を犯した人間にはなんでも投げつけてよく、人間として扱う必要がないと考えている社会を想像すると、背筋が寒くなる。自分はこれまでにひとつの罪も犯しておらず、清廉潔白でない他者は許さないと考える人たちによる社会は、とても息苦しい。

また、権力を持つ者たちが、思いのままに人々の権利を抑え込むことができる社会を望んでいるとしたら、とても恐ろしい。

教育は、そうした社会を拒むための、ひとつの手段であることを願う。

2018.3.28

彼を止められた可能性

選挙中の銃撃事件以来、上手《うま》く言葉にできない複雑な重たさが心身を覆って、晴れないままでいる。

容疑者が行った暴力は、誰もが言うように許されるものではないが、報道で知らされる彼の境遇は厳しく、自分の胸の内に湧き上がった憤りや悲しみや恐怖を、単純な何かにぶつけることができないでいる。

宗教団体による社会通念に反する行為は、被害者の救済に取り組む弁護士たちの活動を見れば、最近に立ち上がった問題でないことが分かる。これは社会問題と呼ぶべきもので、政治の側にできることはなかったのかと問われて然《しか》るべきだと思う。

私たち市民の側はどうだろうか。容疑者の怨恨《えんこん》は個人的なものであり、それぞれの生活から切り離した場所で起きた出来ごとだと考えるのは容易《たやす》い。しかし、そうした考え方が、究極的には、それぞれの困難を自助や自業自得というかたちで、家族や個人へと問題を閉じ込めてしまっているのではないか。私たちは複雑に関わり合っている。その関係の一つひとつのどこかで、彼を止められた可能性が私たちの側にもあったはずだと考えたい。

民主主義とは本来、為政者の政策を選択することではなく、私たち市民の願いが政治をつくることだ。誰もが孤独のままこぼれ落ちることのない社会を私たちが望み、そうした政策が行われる未来を強く願う。

2022.7.20

死刑、見出せぬ救い

「津久井やまゆり園」の入所者ら45人を殺傷したとして、殺人などの罪に問われた植松聖《うえまつさとし》被告に死刑の判決が言い渡された。

裁判の傍聴記に記されていた遺族や被害者家族たちの言葉が忘れられない。どれも短い言葉だったが、それぞれの人生の深い交わりを想像するには十分で、目頭が熱くなった。

被告が周囲に語った動機は身勝手な思い込みに基づく差別的な考えで、犯行の様子も残忍そのもので許しがたい。現行の刑法で最も重い刑罰が科されて当然だと、多くの人が感じるのではないかと思う。しかし、彼に死刑判決が言い渡されても、気分が晴れない。どこにも救いがないように感じる。

彼は人間の生殺《せいさつ》を独自の価値観で判断し、犯行に及んだ。法の側にしかない生殺の権力を、自らが法であると考えて身勝手に行使したかのように見える。そして僕たちは、僕たちの社会が共有する価値観に基づいた制度によって、罪を犯した人間の生殺を決める。とても重いことだ。

「人を殺すのは法の裁きによってでも許されることではない」という通念が社会に強くあったならば、自身が法であると妄想する人に対して、いくらかの抑止力を持てただろうか。

様々な角度から、社会のあり方が問われる事件だと感じる。多くの人が当事者として、言葉を交わすべきだと僕は思う。

2020.3.25

公正さについて、センバツに思う

選抜高校野球の選考委員会のニュースを読んで、公正さについて考えている。

地区大会の成績だけが選考の基準ではないことは理解できる。しかし、準優勝のチームではなく別のチームが選ばれたことについては、誠意ある説明が必要だと思う。高校野球は高校生でなければ出場できない。甲子園でプレーすることは、一生に一度のチャンスである可能性が高い。吉報を待ちわびていた選手たちのことを思うと胸が痛む。せめて議論を公開し、結果だけでなく選考の過程を広くシェアしてほしい。それだけで生徒たちや、高校野球ファンの思いの行き場が変わるはずだ。

会議の透明性を高めれば、選考委員はこれまで以上の緊張を強いられる。しかし、生徒たちの将来を左右するかもしれない選考会議なのだから、選ぶ側は自身の役割に誇りを持ち、会議での発言に責任を持つべきだ。その上で、選考委員たちが果たした責務をリスペクトするという態度が、高校野球を楽しむ僕たちにも必要なのだと思う。

こうした信頼関係の回復と再構築が、様々な分野で必要ではないかと思う。国政ですら公文書を改ざんし、ほとんど黒塗りのまま公開したり、統計を書き換えたりすることが続いている。こうした社会のありように、高校生たちが希望を持てるはずがないだろう。

公正な社会を求め、その社会の一員でありたい。

2022.2.2

「実現しない予言書」のはず、だった

数年前、出版社からの依頼で、ジョージ・オーウェルの小説『1984年』（早川書房）の文庫版に掲載する文章を書いた。

権力の行いに追随するようにありとあらゆる文章を改ざんし、不都合な史実の存在そのものを抹消する「真理省記録局」なる機関で働く主人公。彼が恋人と共にじわじわと追い詰められていく様子は、思い出すだけで背筋が凍る。

小説には、実際に起こってはならないことを、先回りして書く力がある。そこに書かれた悲劇を読むことで、人々は悪夢のような事象とは何かを知覚し、その到来を避けようと考える。

僕は帯に「実現しない（あるいはさせない）予言書として、多くの人に読んでいただき

たい小説です」という文章を寄せた。幸いにも、この国には組織的な公文書の改ざんを目的とする行政機関はない。権力者と行政機関によって自由に公文書が改ざんされ、私的な表現まで制限するような社会の到来は、国民の不断の努力によって拒み続けられてきた。

行政機関が当たり前に公文書を改ざんするような日が訪れたならば、僕たちは『1984年』を読み直して、たった数行の改ざんの先にどのような社会が待ち受けているのか、想像し直す必要があるだろう。

憤りもせず、疑いもせず、些細《ささい》な書き換えだと受け入れるならば、「真理省記録局」の誕生は遠くない。

2018.4.4

間の短さ

台風15号が関東を直撃し、千葉県などで大規模な停電や断水が発生した。被害の深刻さを知ったのはSNSを通じてだった。

はじめは、報道機関の被災地への関心が低いように感じた。徐々に現場からの報道が増えていったが、内閣改造という大きなニュースが優先されているように感じた。「報道されていないのではないか」という被災地からの悲痛な書き込みも何度か目にした。テレビをつけると、入閣の連絡を受ける自民党議員の晴れやかな姿が映っていた。

仕事の休憩時間に、首相官邸で行われた記者会見の動画を仲間のミュージシャンたちと見た。

冒頭で安倍晋三首相は、被災者へのお見舞いと被災地支援の考えを示し、その後、話題は内閣改造に移った。「本日、内閣を改造いたしました」と発するまでの間の短さと、まるで変化のない声色に驚いた。声からは話題が移る際の感情の変化を読み取ることができず、ふたつの話題が切れ目なしに連続していることへの違和感が強く残った。日頃から音に宿る感情と、発音のタイミングを取り扱っている僕たちには、聞き逃すことができなかった。

その違和感について、仲間と話し合った。同じ原稿を読む機会があった場合、災害と組閣の話の間にはそれなりの間を空けるだろうと、意見が一致した。被災地を思う気持ちが、自然とそうさせるはずだと。

2019.9.18

しなやかさのかたち

西日本を襲った大雨や台風、北海道の地震と、大きな災害が続いている。

過去の災害の経験から、多くの人が防災への意識を高めたのではないかと想像するが、自然の力はいつでも人間の想像を超えて現れ、その大きさに僕はうろたえてばかりだ。

政府はもちろん無策ではなく、防災・減災のために「国土強靱《きょうじん》化」という政策を打ち出している。内閣官房のウェブサイトにある国土強靱化のページを見ると、「強くて、しなやかなニッポンへ」というスローガンのもと、関係予算として数兆円が要求されていることが分かる。

護岸壁の些細なほころびを、流れる水は見逃さない。自然の力を「強さ」で押し返すのは、莫大《ばくだい》な予算をもってしても難しい。一方で「しなやかさ」という言葉には希望を感じる。叩きつけても壊れないような硬くて強い素材で作ったギターよりも、しなやかな素材を使ったものの方が伸びやかで魅力的な音がするだろう。

被災者たちが元どおりの生活を取り戻すまで災害は続く。災害の規模を未然に減らすことだけでなく、現在進行形の災害を減らすことも、減災ではないか。

柔軟できめ細かな音が隅々まで響く美しいギターのように、「しなやかな」公的支援が広く行き届く制度設計を望みたい。そして、すべてを政府に任せず、僕もしなやかな社会の一部でありたい。

2018.9.19

子どもは生産物ではない

「彼ら彼女らは子どもを作らない、つまり『生産性』がないのです」。おぞましい一文だと思う。

この文章は、自民党の衆議院議員が大手出版社の月刊誌に寄稿したものだというのだから驚く。人の命に「生産性」という言葉が使われていることに強い違和感をおぼえる。子どもは生産物＝生活に役立つ品物ではない。政治家たちの胸の奥底に、このような考え方があるならば、どのような少子化対策もうまくいかないのではないかと僕は考える。

日本の国内総生産に占める教育機関への公的支出は3・2％で、経済協力開発機構（ＯＥＣＤ）に加盟する34カ国で最低だという。少ない投資で効率良く回収する生産物だと考えているがゆえの数字なのだろうか。

すべての人は個人として尊重され、生き、幸せを求める権利がある。人種や年齢や性別、社会的地位とは関係がない。子どもたちの存在と将来を等しく祝福し、尊重する。そうした制度のなかで、「私は必要とされている」という肯定感を多くの人が持つ社会こそが、本当の豊かさに向かって成長していくのではないかと思う。

国民は国内総生産を増やすための頭数に過ぎず、子どもたちは生産物だと政府や政治家たちが考える国を想像してみる。そうした国で、人間らしく、生き生きと何かを生み出す人々を思い描くのは難しい。

2018.8.8

ミサイルと子ども食堂

「子ども食堂」の数が昨年より1317カ所増えたというニュースを読んだ。認定NPO法人「全国こども食堂支援センター・むすびえ」の調査では、全国で7331カ所（速報値）になったのだという。「むすびえ」のウェブサイトを見ると、概算ではあるが、5千円あれば1回の「子ども食堂」を開催することができ、千円で5人分の食事が賄えるのだという。また、こうした取り組みは民間の自発的なもので、運営支援などの公的な仕組みは整備されていないとのことだった。

同じ日に膨大な防衛費を賄うための増税のニュースを様々なメディアで目にした。復興特別所得税の一部を防衛費に転用するような新税制にも驚いたが、アメリカ製のミサイルや戦闘機を購入するために1兆円の増税がなされるということを、すっきりとのみ込めなかった。防衛費と「子ども食堂」をはじめとする社会支援にかかる費用を単純に比較するわけにはいかないが、トマホークミサイル1発の値段が約3億円だという報道にはため息が出る。

戦争に巻き込まれない国であることは、国民的な願いだろう。しかし、それだけが、私たちがこの国で安心して暮らせる理由にはならない。ミサイルと戦闘機で国土を守っているうちに子どもたちが減り、困窮者が増え、人々が未来に対する明るいビジョンを失うのなら本末転倒だと思う。

2022.12.21

僕も奨学生だった

内閣府の「結婚と家族をめぐる基礎データ」を見ると、単独世帯の割合と、そのうちの未婚の世帯数が、35年前に比べて7、8割増えていることが分かる。

全世帯における児童のいる世帯の割合も約2割にまで減った。子育て世代に対する政策の多くが、不公平感をもって受け止められる原因は、こうした世帯構成の割合と関係しているのかもしれない。

自民党の調査会がまとめた「出産を条件に奨学金の返済を減免する」という提言案についてのニュースを読んだ。子育て世代の返済額を減らすことで、少子化対策に結びつけようということらしい。

子を産み育てることについては、様々な考え方と選択がある。そう考えると、子育て世代の親を支援するのではなく、すべての子どもたちを無条件で支援するような制度や政策でなければ、不公平感は拭えないのではないかと思う。

奨学金の返済の経験は僕にもある。会社勤めをはじめた頃は、住民税や国民健康保険料などを支払うと可処分所得がほとんどなかった。明るい未来や将来の設計よりも、今月をどう乗り越えるかということばかり考えていた。音楽の仕事が軌道に乗って、一括返済できたのは幸運だったと思う。

奨学金が減免される案は、ひとつでも多い方がいい。そして、若い人たちが将来に希望を持てるような制度であってほしい。

2023.3.8

すべての子どもに扉を

経済的に豊かな子どもほど良い教育を受けられる。公立小中学校に通う子どもの保護者の約6割が、こうした教育格差を容認しているという記事を読んだ。

国などの共同体の役割は、あらゆる社会的な格差を、再分配によってなるべく公正にならすことだと僕は考えている。もちろん、公正の水準を人々が考え続けることも必要だ。

子どもは生まれる環境を選べない。自分で何らかの職業に就いて収入を得るまでは、保護者の経済力に依存することになる。教育の質が「経済力＝支払う金銭」と正比例の関係にあるならば、「君たちの将来は後天的な努力で身につく能力ではなく、生まれた環境にかかっている」と、すべての子どもに告げるようなものだ。そのような宣言のなされた社会や共同体で暮らす子どもたちは、明るい未来を想像しながら学んでいけるだろうか。

それぞれの努力によって得られる成果や富に差があることは理解できる。しかし、スタートラインにばらつきがあるならば、公正な競争とは言えない。走り出す前に機会や意欲を失う子どもが多いことは、社会的な損失ではないだろうか。

公共教育こそ、最高水準であるべきだと思う。貧富にかかわらず、子どもたちには最高の学習機会が与えられてほしい。

すべての子どもの可能性に扉を開く社会を求む。

2018.4.25

「まずは自助」では救えない

自民党総裁選挙に出馬表明し

た菅《すが》官房長官の「自助・共助・公助」という言葉について考えている。

菅氏は会見で、まずは自分でできることは自分でやり、無理な場合には家族や地域で支え合い、それでもダメな場合は国が守るという考えを示し、信頼ある国づくりを行いたいと述べた。

それが信頼ある国づくりと呼べるだろうか。

例えば、各家庭の経済格差が、子どもたちの学習機会の多寡に結びついていることについてはどう考えるのか。子どもたちの約7人にひとりが貧困状態に置かれている。スタートラインをそろえるべく公助するのが政治の役割だ。

まずは自助と言うならば、経済的な問題で潰《つい》える夢や希望を救えない。乱暴な言葉で言えば、生まれた家庭の経済環境と、それにまつわる格差を受け入れろということだ。そのような公助が先立たない社会では、多くの若者の将来が「身の丈」のような言葉の前でしぼみ、国も衰退する。

派閥にも属さず、世襲議員でもない菅氏の経歴を「たたき上げ」だと称賛する記事をいくつか読んだ。実際に自身の苦労や努力があって、現在の立場があるのだろう。だからこそ、機会の偏在を取り除くような政策と、コロナ禍で見通しの立たない将来を明るく照らすような言葉を望みたい。

2020.9.9

ケアの担い手

デヴィッド・グレーバーの著書『ブルシット・ジョブ――クソどうでもいい仕事の理論』(酒井隆史・芳賀達彦・森田和樹訳、岩波書店)について語る動画配信に参加した。

本人すら「存在を正当化しがたいほど、完璧に無意味で、不必要で、有害である有償の雇用形態」を、グレーバーは「ブルシット・ジョブ」と定義した。

本には様々な人の体験と仕事に対する違和感が記されていて、読むだけで辟易《へきえき》とする。しかし、彼らの仕事が比較的に高給であることは興味深い。それらは市場こそが第一だと考え、「この道しかない」と人々に思い込ませるために新自由主義者たちが生み出し続けているものであり、政治的なプロジェクトなのだと日本語訳者の酒井隆史《さかいたかし》さんは言う。

所得の高い人から順に、誕生や死、教育や医療といったケアを手厚く受けられる社会は、ケアを市場に委ねることで実現した。首相が表明するまでもなく、公助よりも自助が先に立つ社会を僕らは生きている。

看護や介護など、社会の維持に不可欠なケア労働の報酬は低い。そして、それらはかつて家事だったこと、家事が基本的に無償で行われていることを忘れてはならない。

同じく番組に参加した岡野八代《おかのやよ》さん訳・著の『ケアするのは誰か?』(ジョアン・C・トロント共著、白澤社)を読む。ケアについて考え直さずに、本当に自由で平等な社会の実現は不可能だろう。自分自身を省みつつ、学んで行きたいと思った。

2021.2.3

豊かな暮らしの加害性

「政府の責任で取り組む」。原発から出る高レベル放射性廃棄物の最終処分場の選定についてのニュースのなかの言葉を読み、その責任について考える。

数万年の管理が必要だと言われる放射性廃棄物の行き先も決めずに進めてきたのだから、原子力政策の是正には「政府の責任」という言葉がふさわしいと思う。しかし、数万年後には現在の政策に関わる人間は誰も生きておらず、責任の取りようがない。多くの政策方針の決定は最も狭い意味での政府である閣議が行うことが常態化しているが、彼らは数年のうちに入れ替わってしまう。もっとも数万年前の人類を思えば、国家という政治的共同体や法体系が数万年後にも残っているかどうかも怪しい。

緒方正人《おがたまさと》さんの『チッソは私であった』（河出文庫）を読み返す。

公害事件についての加害責任と賠償は運動によって制度化されたが、金銭的に償われた後も、制度の外側には個人の苦しみが残る。被害者である緒方さんが壮絶な苦悩のなかから紡ぎ出した、公害を生み出した責任は豊かな暮らしを求めた私たち自身にもあるという言葉の重み。

人々の生活や郷土を、取り返しがつかないほど傷つけてしまうかもしれないこと。私たちがそれぞれに望む豊かな生活は、そうした加害の可能性を持っている。数万年にわたるその可能性と責任を、どう考えたらいいのだろうか。

2023.2.8

100年越しの贈り物へ

東京大学名誉教授の石川幹子《いしかわみきこ》さんが「近代都市美・風景式庭園」としての神宮外苑について語る番組を動画サイトで視聴した。

明治神宮や神宮外苑の森の歴史や、市民の憩いの場としての「苑」がどのような目的と意志によって作られたのかが分かりやすく解説されている番組で、最近話題になっている神宮外苑の開発による樹木の伐採の問題点について、とても勉強になった。

なかでも驚いたのは、伐採される約900本の樹木の多くが、国民からの献木であるということだった。また、この土地は渋沢栄一らが多くの寄付金を集め、永久的な美観の統一を希望する文章と共に、明治神宮に奉献されたのだという。大正時代に植えられたという樹木は、震災や戦火を乗り越えて現在の市民に安らぎを与えている。

これは東京のみならず、過去の日本を生きた先人たちからの100年越しの贈り物ではないかと思う。私たちは豊かな樹木を受け取ったのだ。贈り物に対しては返礼が必要だろう。それは何より、この樹木を含めた神宮外苑の風景を守り、未来の世代に手渡すことではないだろうか。

都市開発が無用だとは思わない。しかし、先人の思いを踏みつけるような開発には心が痛む。そうした社会の先では、私たちもまた、かつての日本を生きた人間として容易く踏みつけられる未来が待っている。

2023.5.3

コモンという考え方

リニア中央新幹線の工事をめぐって、静岡県の大井川が注目されている。

僕の出身地は静岡県の島田市だ。市のほぼ中央を大井川が流れている。地域では、川を越えるための宿場町として栄えた町の歴史や、洪水の多い暴れ川に住民がどう向き合って来たのかという治水の歴史を学習する。川に根ざした民話や祭りも多い。大井川は農業用水や工業用水、生活のための水源であるだけでなく、文化的にも流域のシンボルだと言える。

静岡県内に駅を作らないリニア中央新幹線によって、大井川の水資源が減るかもしれないというリスクを受け入れるのは、流域住民にとって難しいことではないかと思う。

アメリカの政治哲学者マイケル・ハートのインタビューのなかで、社会的な富を民主的に管理し、それを「コモン」と呼ぶ考え方があることを知った。「コモン」は国有財産でも私有財産でもない。地下水や河川を流れる水は流域住民の富であり、国や企業の思惑ではなく、住民たちの意思で管理されるべき「コモン」ではないかと思う。

追加工事を認めない静岡県知事の判断は賢明だと感じるが、時の県知事とJR東海、国交省との話し合いだけで着工の可否が下されては困る。

何を地域の富と考えるのかも含め、意思決定の場に住民が直接参加する仕組みが必要だと思う。

2020.7.15

正気で結ぶ

ロシア軍がウクライナに侵攻したというニュースに胸を痛めている。

どれだけの反戦歌が歌われようが、人々が様々な場所で「戦争反対」と書こうが、相変わらず戦争はなくならない。そうしたことを言い立てて、戦争への嫌悪感の表明を揶揄する人たちが目につく。

しかし、反戦歌や戦争への嫌悪感の表明がひとつもない社会や世界を想像したらどうだろうか。ささやかでも、僕たち一人ひとりの声が、世の中がこれ以上悪化しないように食い止めている命綱のひとつなのではないかと僕は思う。

フェイクニュースが跋扈《ばっこ》するようになって久しい。正しい情報に触れられているのかという不安が増している。しかし、あなたや私が、人々や文化や地域が国家の所有物のように扱われ、権力同士の対立によって引き裂かれている現状に対して、怒りや悲しみの感情を抱いたことは疑いようのない事実だ。そうした市民の感情の吐露や意見の表明は、確かなものとして社会や世界に作用すると思う。

それぞれが手応えを感じることは難しいかもしれない。しかし、様々な言語で書き留められた「戦争反対」という意思が、フェイクニュースによる分断を無効化させながら拡散されて、世界中の人々を正気で結ぶ。

恥ずかしげもなく、戦争反対と書きたい。世界中に、私と同じ思いを持つ人がいると信じて。

2022.3.2

祖父が遺したメモ

お盆が来ると、父方の祖父のことを思い出す。

とはいえ、あまり祖父と話した記憶が僕にはない。

それは親類一同から尊敬されている祖父の、凜《りん》とした雰囲気に近寄り難さをおぼえたからでもあるし、悪さをしたら祖父に言いつけるという我が家の仕組みも、僕の心境に影響していたように思う。祖父に叱られることは、地球が破滅するくらい恐ろしいことだった。

そんな祖父は数年前に他界した。両親いわく、病に苦しむでもなく、自室のベッドで静かに亡くなっていたのだという。死後にみつかったメモには、太平洋戦争でなくなった兄弟や友人たちへの思いが書かれていた。先に天国へ行ったみんなに、ようやく会うことができる、と。そうした思いを抱きながら70年近い時間を過ごしてきたことを、僕はまったく知らなかった。

脳が昔の記憶を失ってゆくのと同じように、社会全体が太平洋戦争を忘れてしまう日が来るだろうか。そんな不安が僕にはある。

祖父が生きている間に、もっと戦時中の話を聞いておけばよかったと後悔しても遅い。祖父の残したメモが胸を締めつける。戦争の不条理を、友や家族を失った悲しみを、抱えて歩んできた年月のことを思う。

そうして毎年、心に穴が開いたような気分で、僕は夏を折り返す。

2017.8.16

第5章
誰かの語りに、そこにあるひとことに
〈言葉と本の章〉

文字で記すということは、政治的な行為だと思う。書き言葉を持っていない民族は歴史を編纂できないという事実を考えれば、その政治性が認識できると思う。

権力者や為政者のことについては、史料としてたくさんの記録が残っている。例えば、戦国武将ばかりが何度も大河ドラマになる。庶民のつぶさな人生については、その数が戦国武将よりも膨大であるにもかかわらず、ほとんど文字として残されていない。でも僕は、足軽として駆り出された人たちが考えていたことを知りたい。

為政者よりも庶民。例えば、朝鮮出兵の際に目を覆いたくなるような残酷な仕打ちをした豊臣秀吉より、耳や鼻を削ぎ落とされた犠牲者たちに意識が向く。あるいは、そんなものを持ち帰らねばならなかった兵士たちの感情を想像する。一体、どんな気持ちでそんなことをさせられたのだろうか。現代の価値観で測ることはできないけれど、、戦場で無惨に切られていった人たちにも、別の人生を送る可能性があったのではないか。そんなことに思いを巡らせる。

僕たちがそれぞれの言葉で、それぞれの何かを書き記しておくことは、とても大事なことだと思う。

インターネットのようなデジタルな空間でもいいけれど、紙に刷った言葉はそれよりもいくらか強いと感じる。地方の豪農の家のふすまをペリペリと剝がしてみたら、かつての物資の行き来が記録された帳簿が出てきた、というような話がいまだにある。紙に期待するのは、そうしたモノとしての強さだ。時間を超えて、思わぬ届き方をする。もしかしたら、言葉を記すメディアとしては、今でも紙が最も優れているのかもしれない。

「実は私はこう思ったんだ」と紙に書いて残しておくこと。国会図書館に入れてもらえたらいいけれど、そうでなくても、私たちが書いたり刷ったりした言葉が、誰か家のタンスや抽《ひき》斗《だし》の奥底に残るかもしれない。古書店やネット上のショップを旅して、誰かの手に届くかもしれない。

言葉にせず、文字にせず、書き残さず放っておけば、長い人類の歴史のなかではなかったことにされてしまう。僕が書き続けるのは、ある意味では、恣意的な歴史編纂に対する反抗なのだと思う。私はこう生き、こう思った。それだって立派な人類史の一部だと思う。

書くことだけでなく、読むことも大好きだ。ライブハウスの空き時間に、フリーペーパーのインタビュー記事を片っ端から読んだ時期もあった。ほとんど活字中毒みたいなものだったけれど、ジャンルレスに、多くのミュージシャンの音楽に対する想いを目にすることができた。日本中の人が読むようなことはなくても、彼らの言葉だって、僕たちの音楽史の、大切なページのひとつだと思う。

クリシェ

僕は自動車の運転中、なるべくラジオを聴くようにしている。ラジオの良いところは、普段は好んで聴かないジャンルの音楽と出会わせてくれるところだ。

例えば、延々と今後の自分との接し方について諸注意を相手に向かって言い募るような楽曲がラジオから流れてきたときには、思わず車を路肩に止めてしまった。西野カナさんの「トリセツ」という曲だった。

「クリシェ＝決まり文句」というのは共感を得やすいので、歌う側も聴く側も気持ちが良い。だから、ポップミュージックには「会いたい」だとか「守りたい」という言葉が頻出する。ところが、「トリセツ」は冒頭から返品交換不能だとか、機嫌が悪くても付き合って欲しいだとか、聞き流せない言葉と内容が続いて、とても驚いたのだった。

ヒットソングに使われるクリシェは、その時代において、最も共有されている言葉のひとつであり、イメージや感情でもあるだろう。多くのひとが買い求めるわけだから、社会の潜在的な欲望の表出なのかもしれない。

一方で売れる売れないにかかわらず、大衆音楽の歌詞に使われる言葉やイメージの多寡は、社会の多様性と文化的な豊かさや貧しさを反映していると僕は思う。

多様性を押し広げるべく、僕はクリシェを避けて作詞に奮闘している。ところが、ヒットソングがまるで書けない。

2017.5.3

休符も音符、沈黙も言葉

川上末映子《かわかみみえこ》さんと村上春樹《むらかみはるき》さんの対談本『みみずくは黄昏《たそがれ》に飛びたつ』（新潮社）を読んだ。とても面白かった。会って聞いてみたいけれど、きっと本人を前にしたら出てこない、そんな疑問を川上さんはしなやかな会話のなかでさらりと言葉にして、村上さんの創作へのこだわりを聞き出していた。素敵な人だと思った。

本のなかで、村上さんはこう語る。「優れたパーカッショニストは、一番大事な音を叩《たた》かない」。心の奥に触るような、深い言葉だ。

ビートやリズムだけでなく、音楽について漠然と考える場合、どうしても鳴っている音に注目してしまう。けれども、もちろん休符も音符なのであって、どこでどんな音を鳴らすのかと同じくらい、どこでどんな音を鳴らさないのかというのは、とても大事だ。鳴っている音を躍動させたり、滑らかにしたり、ときにはしんとさせたり、そんな効果や役割が休符にはある。頭のなかでは休符の役割を理解したつもりでも、なんとなく暇で手が寂しいから、みたいな理由で不必要な音を鳴らしてしまうのが僕の悪い癖なのだけれど。

以前、詩人の谷川俊太郎さんが沈黙について語った記事を読んだことがある。言葉は、言わないこと、書かないこと、黙っていることまで含んでいるのだと。

書くこと、鳴らすこと。村上さんと谷川さんの言葉の重なり合うところについて考えている。

2017.6.7

イシグロ愛読者の戸惑い

年を重ねるにつれ、いつしか涙もろくなって、映画やテレビ番組を見ながらオイオイと泣いてしまうようになった。様々な作品につけられた「泣ける」というキャッチコピーに毒づき続けた青春時代を経て、居間や映画館で嗚咽《おえつ》するおじさんになってしまったのだ。

今や「全米が泣く」前に泣いてしまう自信がある。

それでも、文学作品を読んで涙したという体験は、後にも先にもカズオ・イシグロの『わたしを離さないで』（早川書房）以外にない。静かな視点から語られる、人間のこころと体のつながりと隔たり。誰しもの人生の奥底にある、通奏低音としての悲しみに触れるような小説だった。

折につけて、お気に入りの小説として紹介したり、友人にすすめたりしていた作品だったが、イシグロがノーベル文学賞を受賞したことで、なんだか言い出しにくいと感じる自分に戸惑っている。もちろん、世界的に人気があって映画化までされた作品をひとりじめにして、自分だけが知っている優越感に浸りたいという願望は元からない。けれども、街頭インタビューで「誇らしいです。読んでみます」と語る人たちの映像を見かけて、なんとも言い表しがたい気分になったのだった。

権威や流行に揺さぶられてしまう、自分の狭量な性質を情けなく思う。

2017.10.18

用もないのに行くところ

書店にまつわる本をいくつか読んだ。

まずは、三砂慶明《みさごよしあき》さんが編者をつとめた『本屋という仕事』(世界思想社)。本屋のあり方を焚《た》き火に例えて、書店で働く人たちが本にまつわる文化の火を絶やさぬために、どんなことを考え実践してきたのかが綴《つづ》られていて勉強になった。

人々が焚き火の暖かさにつられてわらわらと集まるところを想像しながら、ミシマ社の雑誌『ちゃぶ台』を読む。特集は「書店、再び共有地」だった。こちらも、ユニークな書店を営む人たちの言葉が紹介されていて面白かった。

文筆家の平川克美さんは対談記事のなかで、書店は営利企業であると同時に、人々が触れ合い、地域文化の拠点となる社会共通の財産だと語る。その核となる性質は「用もないのに行くところ」であることだという。無為の時間や、目的性から離れたところから文化は生まれてくるのだという言葉に深く頷《うなず》いた。

対談相手の書店店主・辻山良雄《つじやまよしお》さんは、金銭の支払いとサービスの提供で埋め尽くされた世の中から目的もなく立ち寄れる場所が減っているが、書店は何も買わなくても出入りできる場所だと話す。

火が焚かれ続け、開かれている。そうした場所が街中にある安心感。暖かさは豊かさの比喩だろう。「共有地」の提供は誰にでもでき、何屋でもいいのだという平川さんの言葉が印象的だった。

2022.6.22

本の作り手

2年前、コツコツと書き続けていた自分のブログを一冊の本にまとめた。

くだらない妄想や、社会について考えたことをつらつらと綴った記事は多方面に散らかっていて、自分だけでは何らかのまとまりとして発表することが難しかったと思う。内容を選《よ》りすぐる作業もさることながら、編集者が原稿やゲラ刷りを読み込んでくれることも心強かった。丁寧に書き添えられた校閲や校正のコメントからは、子どもを育てる親のような慈愛を感じた。

ブログに公開した記事は、誤字脱字や内容の誤りが見つかっても、すぐに修正したり、記事そのものを削除したりできる。紙に印刷された記事はブログのように簡単に消すことができないので、出版社の信用の低下や、回収や訂正にかかる費用など、誤った情報を発信した場合の損失が大きい。それゆえの緊張感が出版物の質を高めていると僕は考えていた。

けれども、本の作り手たちと仕事をしてみると、彼らの仕事の質や意欲を高めているのは書籍への愛情だけでなく、文化や歴史への尊敬ではないかと感じた。関わった本が書店に並ぶということは、自身の愛読書と書棚のどこかでつながるということだ。そう考えると、身が引き締まる。

様々な本に、関わった人たちの思いが込められている。書棚に連なる思いを僕も尊敬している。

2018.10.3

格言集を買ったわけ

30歳を過ぎてから涙もろくなった。感動的な映画やテレビ番組を見た後には、決まって涙と鼻水で顔がグズグズになってしまう。『ワンダー　君は太陽』（スティーヴン・チョボスキー監督、2017）という映画を観賞した後も同じだった。

映画では、登場人物のブラウン先生が授業で取り上げた、いくつかの格言が作品に深みをあたえていた。「正しいことをするか、親切なことをするか、どちらかを選ぶときは、親切を選べ」という言葉が印象的だった。

後日、書店でブラウン先生の格言をまとめた本を見つけた。一年分の日付に合わせて、原作のなかのものから歴史上の人物の言葉まで、365編の格言が載っていた。パラパラとページをめくると、格言らしく真っすぐな言葉たちが英語と日本語の両方で記されていて、とてもまぶしく感じた。

数年前なら、格言を集めた本を買うことを気恥ずかしく思っただろう。読んだ側《そば》からありがたい、シンプルな言葉の寄せ集めに対する反発心もあった。

子どもが書いたという設定の「ひとつの小さな言葉は、誰かの1日を明るくすることができる」という言葉に心を動かされている自分に驚きながら、本をレジに持っていった。

涙もろさのわけはいまだに分からないが、僕は若い頃よりも、言葉の力を信じているのだと思った。

思い上がりを見つける

2018.7.25

表現の自由について、考える機会が増えた。

表現物は束縛や強制を受けるべきではないが、野放図に何かを行うことが自由だとは思わない。「責任をもって何かを行うことに束縛や強制がないこと」。それが自由本来の意味だろう。つまり、自由のなかには責任が含まれている。表現者は、自分の表現にどのような反響があるのか、よく考える必要がある。

とんねるずの「保毛尾田保毛男《ほもおだほもお》」というキャラクターが物議を醸した際、「芸人のコントの内容まで問題になる社会は窮屈だ」という意見を目にした。

何もかも規制していけば、僕たちの社会から、表現に対する寛容さが失われていくのかもしれない。しかし、件《くだん》のキャラクターは、性的少数者たちが窮屈だと言い出すことができなかった時代のものだ。彼らが当時感じていた窮屈さは、表現の自由を訴える側の窮屈さとは比べものにならないだろう。

僕は「性的少数者」という言葉を使うことに、罪悪感とためらいがある。どんなに慎重に書こうとも、自分は多数派であるという思い上がりがどこかに潜んでいるからだ。それでも書かずにはいられない自分の傲慢《ごうまん》さに触れる度に、恥ずかしさでいっぱいになる。

こうした感情と向き合い続けることが、表現の自由には含まれている。

2017.11.1

書き直したくなった歌詞

友人たちがシェアした記事を読むうちに興味が湧いて、れいわ新選組から参議院議員選挙に立候補した安冨歩《やすとみあゆみ》さんのブログや記事を調べて、いくつか読んだ。

安冨さんは、数年前から自身の自然な心の向きに従って、女性の服を着るようになったそうだ。街なかで、女性装の自分に向けられる白い目の存在。そうした白眼視が自身の思想に大きな影響を与えたのだという。

「白い目は、それを向ける人に問題がある」と安冨さんは言い切る。例えば、性自認や性的指向を差別する者は、性自認や性的指向を口実にしているに過ぎない。存在するのは差別をする人だけなのだと。しなやかで力強い言葉だと感じた。

同時に胸が痛かった。

自分の楽曲のなかで使われている「女々しい」という言葉に違和感を覚えるようになったのは、ここ数年のことだ。辞書に書かれた「意気地がない」という意味と、性別には関係がない。安冨さんの考えに触れるうちに、違和感はどんどん膨れ上がり、無性に歌詞を書き直したくなった。

10年前にその言葉を選んだことが恥ずかしい。

もちろん、誰かを差別するために書いた言葉ではない。けれども、差別をする人たちの口実を補完するような言葉だと、今では思う。

2019.7.31

「ヘイトスピーチ」への誤解

日本語の面白いところは、外国語をカタカナに変換して、音も意味もそのまま日本語として吸収してしまうところだと思う。

外来語を使えない状況になったらどうだろうか。例えば、パンは「小麦粉をこねて酵母菌を混ぜ、軽く発酵させてから焼いた食べ物」だろう。頑張って短縮させても「小麦粉寝かせ焼き」くらいが限界だ。

そう考えると、パンをパンのまま、意味や音を丸っと受け止めた日本語は、強《したた》かな言語だと思う。おかげで、僕たちは「小麦粉寝かせ焼き屋で買った卵ばさみ」みたいな言い方をせずに済んでいる。

ところが、外国語を吸収するときに、本来の意味が抜け落ちたり、誤解されたりすることがある。

例えば、ヘイトスピーチがそうだろう。

言葉の持つ本来の意味は「特定の人種や民族、宗教などの少数者に対して、暴力や差別を煽《あお》ったり、おとしめたりする侮蔑的な表現のこと」だ。ところが、英語の「hate」の意味を膨らませてしまって、嫌悪を感じる発言や、強い語気で発せられた言葉をヘイトスピーチだと勘違いしてしまう。嫌悪や憎悪を、どのような人や集団に向けているのかが、問題の中心なのにもかかわらず、だ。

「人種差別をやめろ、馬鹿野郎」は乱暴な言葉だ。けれども、ヘイトスピーチではない。

2017.9.27

文章における無駄とは

『文藝』冬季号（河出書房新社）に掲載さ

れている高橋源一郎《たかはしげんいちろう》さんと尾崎世界観《おざきせかいかん》さんの対談を読んだ。ふたりの創作にまつわる話がとても面白かった。

ミュージシャンであり作家でもある尾崎さんは、対談のなかで、歌詞の場合は捨てるものがないと話す。一方で、小説では文章と他の文章との間を埋めるものが必要で、最初は戸惑ったという。その言葉に対して、高橋さんが歌詞は詩に近いと返す。その後に続く言葉が印象的だった。

「詩は本質的に一行も無駄がない。逆に、小説はほぼ無駄なものばかりなんです」

高橋さんは小説を書くことによって失語症を克服し、尾崎さんも音楽活動にまつわる体調不良と向き合う過程で、小説の執筆を始めたのだという。それぞれに、小説に救われているような話しぶりだと感じた。

たった一行の無駄もないことは、とても美しいことだろう。そうした詩の在り方には憧れる。けれども、一行も無駄にはできないと考えると、とても窮屈な印象に変わる。自分の人生が、一瞬も無駄にできない時間の積み重ねだと考えるならば、僕は生きるだけで緊張してしまうだろう。

自分の一生を小説にするとしたらどうだろうか。文章にもならない無駄なことだらけではないか。そう考えると、なんだか気持ちが楽になった。

2018.10.31

絶対大丈夫、本人生演奏

ラジオで森山直太朗《もりやまなおたろう》さんが自身の曲「絶対、大丈夫」について語っていた。「大丈夫」は肯定的な言葉であるのにもかかわらず、「絶対」が付くと何とも言えない不安な響きになるのだという。

世界中のポップ・ミュージックの歌詞に「大丈夫」という言葉が使われている。僕の大好きなロックという音楽は、なんとかなるさとリスナーの背中を押すような楽曲が多い。そういう歌に何度も勇気づけられてきた。

けれども、森山さんの言うように、「絶対」という言葉が添えられて、その肯定感が強烈になると、途端に本当に大丈夫だろうかという気持ちが芽生える。言葉の組み合わせと印象。森山さんの鋭い視点に感心した。

政治家が自身の選挙のスローガンに「正直、公正」という言葉を使うことにも、同じような違和感がある。「正直、公正」はどちらも肯定的な言葉で組み合わせも悪くない。けれども、当たり前のことをあえて言い直しているところに、「絶対、大丈夫」と似たような不穏さを感じる。

例えば、僕のコンサートに「本人、生演奏」というキャッチコピーがついていたらどうだろうか。この人は以前にそっくりさんを使って、当て振りのコンサートを行ったのではないかという疑念を、多くの観客が抱くのではないかと想像する。

2018.9.12

魂の解放運動

ここ数年、詩の朗読をする機会が増えた。

先日は友人のバンドの結成10周年を記念したコンサートに参加し、20分の即興演奏に合わせて、この日のために自作した詩を読んだ。演奏と言葉が絡まりあって景色を変え続ける、素晴らしい時間だった。

若い頃は、人前で自作の詩を読み上げることなど考えられなかった。それどころか、会話で詩的な表現を使う人を「ポエマー」と呼んでからかうような風潮が周囲にはあった。

音楽をはじめて歌詞を書くようになり、言葉と向き合うようになってからは意識が変わった。詩を書くこと、誰かが書いた詩を読むこと、その難しさと楽しさに触れるうちに、詩作にすっかり魅せられた。

数年前に、詩の朗読をしたいという気持ちがむくむくと湧き上がった。

理由を短い言葉で表すのは難しいが、中高生と行ったいくつかのワークショップの経験が大きかった。みずみずしい感性や表現に出会えるだろうと楽しみにしていたが、参考書でもあるかのような型にはまった作品が多いと感じた。彼らに楽しく逸脱してもらうにはどうしたらいいのか。それは僕が誰よりも自由に書き、いかにもそれが最高だと、誇らしく読んでみせることだと思った。

僕はそれを「魂の解放運動」と呼んで実践している。ひとりでも仲間が増えてくれたら嬉《うれ》しい。

2020.1.29

少女の詩

浦添市の中学3年生、相良倫子《さがらりんこ》さんが「沖縄全戦没者追悼式」のプログラムのなかで行った詩の朗読の映像を見た。

73年前の沖縄戦の風景に言葉が及ぶ直前、相良さんの顔がゆっくりと濁った。詩の内容と連動するように表情が変わってゆく様は、言葉たちがしっかりと相良さんの魂と結びついているように感じられた。「生きる」という題名の詩を朗読する間、持参したメモにほとんど目を落とさなかったことも、とても印象深かった。会場全体を見渡しながら、堂々と読み上げる姿に感動した。

こうした式典へ児童や生徒たちが参加することに疑問を持つひとがいるかもしれない。「どうして詩の朗読を少女にさせるのか」という問いも分からなくはない。大人たちこそ、平和への願いを自らの言葉で発するべきだろう。

相良さんの言葉は、誰かの想《おも》いや願望の代弁ではなかったと僕は感じた。ステレオタイプな「少女」のイメージを隠れみのにして、大人たちが押し着せたメッセージではなかった。「未来は、この瞬間の延長線上にある」という言葉にはっとさせられた。だから、平和を祈って今を生きるのだと。

「過去と現在、未来の共鳴。鎮魂歌よ届け。悲しみの過去に。命よ響け。生きゆく未来に。私は今を、生きていく」

体が熱くなった。

2018.6.27

僕らが言葉を軽んじるとき

原稿の読み飛ばしが問題になった、広島平和記念式典の菅義偉《すがよしひで》首相による式辞の動画を観《み》た。

首相官邸のホームページに掲載された挨拶《あいさつ》の全文を動画と共に確認すると、就任直後の国連総会で菅首相が世界へ発信したとしてスピーチに盛り込んだ「ヒロシマ、ナガサキが繰り返されてはならない。この決意を胸に、日本は非核三原則を堅持しつつ、核兵器のない世界の実現に向けて力を尽くします」という言葉の結びの部分を、首相自身が読み飛ばしてしまったことが分かる。

読み間違いは誰にでもある。日本の立場を世界に示す重要な式典とあれば、緊張しない人は少ないだろう。しかし、自身が国連で発した大事なメッセージの読み飛ばしは重い。

別のニュース配信で観た名古屋市の河村たかし市長の謝罪文の読み上げは、次元の違う酷《ひど》さだった。原稿を読み上げることだけでなく、謝罪すら不本意であるような読み方には絶句するしかない。

失言や放言に続いて、形式だけの謝罪が行われる。国会では、用意された原稿を読み上げるだけの答弁が続く。そうした風景に慣れてしまったことが恐ろしい。厳しく追及するメディアもなく、政治家たちは自身の発言や言葉づかいに緊張する様子もない。

彼らを選び続けるのならば、言葉を軽んじているのは僕たち市民だろう。

2021.8.11

何を「聞く力」か

松村圭一郎《まつむらけいいちろう》さんの著書『くらしのアナキズム』（ミシマ社）を読んだ。

なんのために生き、働くのか。どんな社会で暮らしていきたいのか。そうした問いは、政治家や専門家など選ばれた人たちのものではなく、生活者である私たちのものであると松村さんは綴る。

デヴィッド・グレーバーの『政策』は政治の否定である」という言葉が引用された文章が鮮烈だった。「政策」という観念はトップダウン的であり、市民が自らの問題を解決すべく対話を重ねてボトムアップのようなかたちで行われるのが本来のコミュニティーのあり方、それこそが政治なのだという指摘が胸に刺さる。

スーパーやコンビニの棚に並ぶ商品を選ぶように、選挙の度に陳列される各政党の政策のなかから自分の考えに近いものを選択する。そうした心持ちでいれば、似合うものがないと投票所から足が遠のく自分の姿が容易に想像できる。

自民党総裁選の折、「聞く力」という言葉をよく目にした。松村さんの指摘にならえば、統治機構の側にいる人たちの言葉を集約して利害を調整することが政治における「聞く力」ではない。彼らが聞くべきなのは市民の声だろう。

一方で、様々な対話に参加してきただろうかと自らを問う。お互いに言葉を発し、それをよく聞く。まずはそこから、政治参加について考え直したい。

2021.10.20

言葉で片付けないで

未婚のひとり親への支援策をめぐる与党の議論について、いくつかの記事を読んだ。現在の税制では、婚姻歴の有無によって、ひとり親の税負担に差がある。公明党が見直しを求め、一部の自民党議員が反発しているという内容だった。

こうした問題が議論される場合、決まって親の責任の話になる。「経済力」や「計画性」というステレオタイプな言葉が使われ、親たちが非難される。

生まれながらの貧富の差が、この世には存在している。僕はそれをひどくアンフェアだと思う。富める者の子が、その富を受け継いで様々な機会を得る。一方で、貧困を理由に進学を諦める子どもたちが、社会には多く存在している。

自分の力ではどうにもならない経済的な能力や、それにまつわる機会の格差を「運命」という言葉で片付けないために、社会制度があるのではないか。未婚のひとり親の是非、といった家族観や価値観の話ではなく、自力では解消し難い不平等を子どもたちが抱えているのだということを、政治家たちには考えてもらいたい。

必要なのは親への非難ではなく、すべての子どもの可能性を祝福することだと思う。

生き方と税制の話にとどまらない、子どもたちのための公正な社会制度について、根元からの議論を望む。

2018.12.19

中村哲さん

中村哲《なかむらてつ》さんが銃撃されて亡くなった。とてもショックを受けている。

僕が自分の音楽活動と社会の関係性について、じっくりと考えるようになったのは30歳になった頃だった。「反戦」や「平和」という普遍だが手垢《てあか》つきのメッセージと向き合って、何を語り、何を書き、何を歌うのか。それを問い直す過程に僕はあった。その頃手に取った雑誌で、中村哲さんのインタビューを見つけた。戦乱の続くアフガニスタンで活動を続ける中村さんの言葉を読んだのは、このときがはじめてだったと思う。その後、『医者、用水路を拓《ひら》く』（石風社）という著書を読んだ。医療と食料の支援や用水路建設というペシャワール会の活動のすべてに驚き、尊敬の念を抱いた。グローバリズムによって蔑《ないがし》ろにされる人々の、ささやかで切実な暮らしに対する愛を感じた。それは、正義とは何かという率直な問いかけでもあり、感銘を受けた。自分の姿勢を決定づける読書体験だった。

訃報《ふほう》を受けて、インタビューを読み返した。何かをやりたいと後に続く者への言葉が胸に響く。

「我々より先に無名の先駆者がたくさんいる。それは脈々と続いている。だから小さくても大きくても、いいと思ったことをまっすぐ続けること」

活動の場は違っても、彼の意思を引き継ぐ人間のひとりでありたい。

2019.12.11

面倒くささが生む豊かさ

本を読んでいると、ときどき素通りできない一文に出会うことがある。

「想像もつかないようなことを包摂していくのが多様性ではないか」。これは『しょぼい生活革命』（晶文社）という対談本のなかで、矢《や》内《うち》東《はる》紀《き》さん（えらいてんちょう）が語った言葉だ。ゆえに「自分の想像で多様性を設計すると危ない」と矢内さんは続ける。

僕も、よく「多様性」という言葉を使う。多様な生物が生態系を担保することを豊かさと捉えて、社会の理想的な在り方への比喩として用いている。けれども、矢内さんの言うように、「多様性」という言葉は難しい。狭いイメージで何かを囲うように使えば、人々を分け隔てる言葉へと変容してしまう。

対談相手の内田樹《うちだたつる》さんは、矢内さんに続けて、共感を過剰に強制する社会の危険性を指摘する。共感者の多い集団では、少ない語彙《ごい》で打てば響くようなコミュニケーションが行えるが、異論や違和感を表明する人は妨害者として排除されるのだと。一体化を望む市民の善意が、共感の強制を駆動しているとも。

考えの違う人たちと話すのは面倒くさい。同意するのも大変だ。しかし、そうした面倒くささが僕たちの語彙を増やしている。使える言葉が豊富であることは、社会や文化の豊かさに直結するだろう。

「多様性」という言葉の前で、真剣に考え込まなければいけないと思った。

2020.5.6

「は」と「も」と「こそ」と

翻訳家の柴田元幸《しばたもとゆき》さんの「ブラック・ライブズ・マターをどう訳すか」という投稿をツイッターで見かけた。「黒人の命は大切」「黒人の命も重要」「黒人の命こそ大事」、様々な助詞を使った日本語訳は、どれも正しいがどれも物足りないと柴田さんは続けた。

アフリカ系アメリカ人の歴史や、彼らが直面している差別や格差の問題について考えると、「黒人の命だけではなくすべての人の命が大切だ」というニュアンスの言葉づかいが、問題の本質をぼやけさせてしまうように感じる。ゆえに、多くのメディアが使っている「黒人の命も大切」という訳に違和感がある。

多くの人が柴田さんの問いかけに反応するなか、ピーター・バラカンさんによる「黒人の命を軽くみるな」という訳語を紹介する投稿を見つけた。異議、抗議の言葉であることを考えると、確かに直接的な翻訳よりも運動全体への理解が進むように感じた。

世界中のユニークな単語を集めた『翻訳できない世界のことば』（エラ・フランシス・サンダース著、前田まゆみ訳、創元社）という絵本がある。単語から単語に訳すことができない各国の言葉の意味やニュアンスが、詩的な文章とイラストで紹介されていて面白い。「ブラック・ライブズ・マター」も、簡単には翻訳できない言葉のひとつだと思う。正しい訳語を考えながら、その複雑な背景についても詳しく学びたいと思った。

2020.6.17

「大きな言葉」の暴力性

「あなたが『何となく分かっている』ものは、実はあなたが想像するよりもっと複雑で敏感です、と理解させるのが芸術家の仕事です」

右の文章は、ラッパーのモーメント・ジューンが岩波書店のウェブマガジン『たねをまく』で連載している「日本移民日記」から引用した言葉だ。

先日、仲間たちと自分たちの身のうちに潜む暴力について話し合った。そのなかで、スローガンのような語句や、分類を目的とした大きな言葉が、僕たちそれぞれの人生や生活や表情を覆い隠してしまうことの暴力性について話が及んだ。例えば、権力の側が書く正史の裏には、時代を生きた人々の切実な個人史があるが、それらのほとんどは書き記されない。ときには、なかったことにされる。

そうした暴力が、市民の側に皆無だとは言えない。僕たちは常日頃から事物だけでなく、人を体系にまとめて考えがちだ。それは彼が言う「複雑で敏感」なものを粗雑に分類して、表情を剝ぎ取る暴力である場合が少なくない。

表現者として、引用した彼の言葉に共感する。イメージを単純化するために、詩や音楽があるのではないと僕は信じている。

自分の生活のなかではどうだろう。大きな言葉で、誰かの尊厳を踏みにじっていないだろうか。無意識に加担している暴力はないだろうか。彼の連載を読み返しながら、考えるだけでなく学びたいと思った。

2021.6.2

「愛」の曖昧さ

有名なジャズ演奏家が、ステージ上でコントロールを失った教え子の頬を平手で打ったというニュースを様々なメディアで見聞きしてから、もやもやといろいろなことを考えている。

ふたりの関係性など、経緯のすべてを把握しているわけではないので、外野から言葉を発するのは野暮《やぼ》かもしれない。それでも、インターネットで見かけた「愛ある暴力は暴力ではない」というような体罰容認論には、違和感を感じる。

「愛」という言葉はとても曖昧《あいまい》だ。「愛」という言葉が、どのような感情を表しているのかを説明するのは、とても難しい。「愛」の有無は分かりにくく、証明することが困難だ。もちろん、定量化できない。それぞれの「愛」の濃淡や大小を比較することも、本来は不可能だ。そうした曖昧模糊《もこ》とした言葉をよりどころにして暴力を肯定してしまうのは、とても恐ろしいことだ。

言葉や音楽や芸術は暴力を克服するためにあるのではないか。

力の強い者が弱い者から奪う弱肉強食的な社会に多様性を与えて、人間の有り様を豊かにするために育んできたものが、言葉や音楽や芸術だろう。僕たちが確かに「愛」を持っているのだとすれば、本当に必要なのは、その「愛」とは何なのかを、暴力以外の態度とボキャブラリーで表すことだと思う。

2017.9.13

公人と私人

「私は公人ですので話す責任があると思っています」

家族の不祥事についての記者会見で、大竹まことさんの語った言葉が心に引っかかった。公人とは何か。辞書を引くと、「公職にある人」と書いてあった。つまり、公人とは公務員のことだ。

大竹さんは公務員だけでなく、社会的な立場にある人までを公人とみなして、「私は公人です」と語ったのだろう。自身の社会的な責任があることを認める姿勢は立派だ。けれども、同時に、どのような職業が公人にあたるのかについて、解釈を広げてしまう危険性もあるのではないかと思った。

社会的に影響力のある人たちのプライベートをのぞき見したい人たちの欲求を、多くのメディアが汲んで久しい。記事が売れ、視聴率が上がるのだから仕方がないという意見を見かけるが、私生活を暴く権利などあるのだろうか。大竹さんの発言は、そうした風潮や理不尽に釘をさすための言葉でもあったのではないかと感じる。

一方で、公務員を「秘書」としてつけてもらいながら、「私人である」との理由で国会への参考人招致が実現されない人もいる。

大竹さんのご家族の私生活より他に、つまびらかにされるべきことがあるのではないか。

2018.2.14

「利他」は未来から

衆議院選挙の期間中、様々なSNSで「投票へ行こう」と呼びかけるミュージシャンたちの投稿を見かけた。僕よりも若い世代には、自然体で社会問題や政治について話し合うムードがあり、明るく前向きな気持ちになった。

しかし、そうした身の回りの雰囲気とは裏腹に投票率は低いままで、約半数の人が棄権したということになる。とても残念だ。

社会のため他人のためにと行う無償の行為を利他と呼ぶ。そうした発信に手応えがないとき、どう考えればいいのだろうか。

ふと手に取った中島岳志《なかじまたけし》さんの『思いがけず利他』（ミシマ社）という本にはこうあった。「利他は未来からやって来る」。私たちの行いの真価は、その行為を受け取った人たちの未来に発露すると中島さんは綴る。また、恩師からの言葉の重要性を後になってから理解したという自身の経験を例に、利他の力は受け手のもとに過去から訪れるのだという。

即時の成果がないことを嘆くのならば、それは自分の欲求を満たすための行いであり、利他ではなく利己的な行為なのだという指摘は耳が痛い。自分の行いの成果を求めないというのは、とても難しい。手応えが欲しいという利己的な欲求が自分には少なからずある。未来の受け手を信頼して、行為を社会に捧げること。本当の利他とは何かを考え、発信を続けたい。

2021.11.3

過去の引用すら、編み直す

「飼いならされていないアート」とは何かを問いかけていくものである、という言葉に引かれて、堂島リバービエンナーレを見に大阪へ出かけた。

様々な作品の断片をつなぎ合わせて制作されたジャン＝リュック・ゴダールの映画『イメージの本』（2019）。この映画にインスパイアされた美術展はとても詩的で、考えさせられることがたくさんあった。

例えば、写真は一瞬の事実を捉える。その瞬間から、写真は過去や未来といった時間から切り離される。前後は鑑賞する側の想像に任せるしかなく、ゆえに創作的な側面も持つ。

組み合わされた写真や、その連続である映像から立ち上がる新しい意味や物語を素朴な視点から楽しむこともできるが、断片的な映像や写真にはそれぞれの文脈があり、文脈が連なることで作品は複雑になる。

すべてが過去の引用であるかのような情報化社会のなかでも、新しいイメージを編み直すのだという作家たちの決意を感じて、身が引き締まった。

受け渡されたものを編み直してゆくことは、生きることに似ている。何げなく使う言葉も、生まれた後に受け取ったものだ。

映画『イメージの本』も鑑賞した。映画の最後に繰り返された「たとえ何ひとつ望み通りにならなくても、希望は生き続ける」という言葉が印象的だった。

2019.8.14

連なる関係、存在する私

理論物理学者が量子論について書いた『世界は「関係」でできている』（ＮＨＫ出版）という本を読んだ。

量子にまつわる様々な概念は難しく、きちんと理解しながら読み進められているのか不安になる。しかし、著者のカルロ・ロヴェッリと訳者冨永星《とみながほし》による詩的な文体に引き込まれて、行きつ戻りつ最後のページまでたどり着くことができた。

あらゆる事物は絶対的に存在するのではなく、他の事物との関係性があるからこそ、その事物として存在するという彼の考えは、難しい量子論の話題を離れても、私という存在そのものを肯定的に問い直す響きがある。

音楽についても考える。ギターという楽器ひとつ取っても、原始的な撥弦《はつげん》楽器の発明から、どれほどの人々のアイデアが連なっているだろう。何気《なにげ》なく使っている日本語も、この言語を使ってきた人たちの歴史の集積そのものだと言える。過去に生きた人たちが関係のなかで編み上げたものを使って、僕は音楽を演奏している。

こうした例えは、生活のすべてに言えることだと思う。私という存在は、私だけではあり得ない。過去や現在の関係だけではなく、未来を生きる人たちとも連なっているはずだ。

すべての事物との関係こそが私だと考えると、他者が愛《いと》おしくなる。絶対的な私を脱ぎ捨てて、誰かと話がしたくなった。

2021.12.1

他者の苦労を想像する力

友人の東郷清丸《とうごうきよまる》とゆっくり話す機会があった。彼は現在、事務所やレーベルといった大きな組織からは離れて、なるべく自力で音楽活動を行っている。

音楽作品のアートワークの制作や小冊子の編集とデザインまで、彼は外注せずに自らの手で行う。どうしてそうするのかという問いに、彼は「ひとりでやってみることで、他人がどんな苦労をしているのかを知りたい」と答えた。他者との協働を拒んでいるのではなく、次に一緒に仕事をするときに的確に通じ合うための学びなのだと。

テクノロジーの面から考えると、世の中は便利になり続けている。人の手で行っていた面倒な作業も、コンピューターが数倍の速度で肩代わりしてくれる。しかし、そうした便利さは、ときに人の手仕事を小突き回すような働きをする。効率化とスピードアップを求められない現場はもはや存在しないだろう。人間もコンピューターと同等の速度で働くことを求められる時代になったと感じる。

「やっておいて」と誰かに頼むことは簡単だ。その連続が私たちの社会そのものであると言える。ワンクリックで商品が届く生活のなかで、他者の苦労を考える瞬間がどれだけあっただろうかと自問する。

少しの想像力の欠如が、他者だけでなく、自分自身の仕事や生活をも踏みつけている可能性について、よく考えたいと思った。

2022.11.9

過ちを抱きとめて

映画『重力の光：祈りの記録篇《へん》』（2022）を観た。

石原海《いしはらうみ》監督によって記録された、北九州市の東八幡キリスト教会に集まる人々の痛みと信仰。人生と呼ぶべきそれぞれの物語が劇中劇を介して絡み合い、小さなコミュニティーの記録が我々の社会の在り方を映し出す鏡のように編み直されて、差し出される。

「許されざる者であるユダを許さなければ、キリスト教は成立しない」という奥田知志《おくだともし》牧師の話に心を打たれたという方の独白が印象的だった。「いわんや悪人をや」という親鸞《しんらん》の言葉を思い出す。私たちの人間らしい過ちを抱きとめようとする奥田牧師の考えが、映画を通してひしひしと感じられた。

スマートフォンの画面を開けば、様々な場所で他人を断罪する厳しい言葉が飛び交っている。それらのほとんどが数文字の短文だ。私たちのそれぞれの人生が、書き留める方法もないほど膨大な時間の積み重ねであるにもかかわらずだ。それは、我々こそが無謬《むびゅう》であり神なのだと信じる者の態度なのかもしれない。

許す許さないの判断をすることの傲慢さ。ならば、許し合える社会こそが美しいのではなく、懸命に生き、黙したまま傍らに立って手を添え合うような精神こそが、社会には必要なのかもしれない。

信仰とは何かを、静かに問いかけるような映画だと思った。

2022.9.28

通りすがりの言葉たち

社会問題について声をあげるマイノリティーに向けて、度々「そんなやり方では効果がない」という言葉が投げかけられることについて考えている。

抗議する側に冷静な語気や態度を求める人は多い。しかし、しおらしく従順に、清廉な態度で抗議に臨めというのは、おかしな論理だと思う。

現在の社会の仕組みのなかで静かに暮らしていたのでは解決されない不公正や困難に立ち向かっているからこそ、彼らは強い決意と態度で抗議を行っている。社会の構造の側に立っていると言えるマジョリティーが、彼らの訴えの内容より先にその態度を問うのは、議論を問題の本質から遠ざけることにしか役立っていないのではないか。

私たちのそれぞれが、自力で解決できない新しい社会問題に直面する日が来るかもしれない。困難の当事者になった僕やあなたは「こんなことはおかしい」と声をあげる。しかし、その問題について関わり合うつもりのない人たちが、通りすがりにこう言うのだ。「そんなやり方では効果がない」と。そして問題の本質には誰も触れず、遠ざかっていく。そんな景色を思うと背筋が凍る。

私たちに必要なのは、誰かを言い負かすための話術ではない。お互いの言葉の背景を思い合うような対話と想像力こそが、ギスギスした社会をやわらかくするのだと思う。

2022.10.12

誰だって「助けて」と言えるところ

北九州を中心に孤立困窮者の生活再建を支援するNPO法人「抱樸《ほうぼく》」の活動を見学した。

経済的な理由だけではなく、つながりの喪失こそが人を孤立困窮させる。ホームを失った彼らを社会につなぎとめるためには、家族機能を社会化する必要があるのだと代表の奥《おく》田《だ》知《とも》志《し》さんは言う。

抱樸の活動によって自立し、現在は支援者として活動に参加している方の「助けてと言えた日が、助かった日です」という言葉が胸に響いた。自己責任という言葉が飛び交い、人に迷惑をかけないことが美徳とされる世の中で、どれほどの人たちが「助けて」という言葉をのみ込んでいるだろう。助けてくれる見込みのない社会は孤立困窮者にとって復帰したい社会なのか、という奥田さんの問いが重く響いた。

東京大学准教授の熊谷晋一郎《くまがやしんいちろう》さんの「自立とは依存先を増やすこと」というインタビューを読む。なんでも自分で行うことではなく、互いに助け合える関係を人々と築くことが、自立なのだと熊谷さんは語る。

誰もが助けてと言え、お互いを助け合うコミュニティー。抱樸の「希望のまち」というプロジェクトの話を聞いて心が少し軽くなる。それは困った人は誰でも入れる施設なのだという。何もかもが行き詰まったとしても、最後に「希望のまち」があると思うだけで、生きる力になる。

2023.1.25

表現する責任

歌のお兄さんだった横山だいすけさんが、自身の番組で配信された楽曲『あたしおかあさんだから』の歌詞についての心境をブログに掲載していた。

絵本作家のぶみさんによる同曲の歌詞に「母親に自己犠牲を強いている」などという批判があったとのことだった。

本来、何かを書くという行為には他人を不快にさせたり、傷つけたりする可能性が含まれている。もっとも、善意で行った寄付が迷惑になることだってあるのだから、能動的な行為のすべてにそうした性質があるのだと思う。

昨年に発行された『早稲田文学増刊　女性号』（早稲田文学会）の桐野夏生《きりのなつお》さんと川上未映子《かわかみみえこ》さんの対談のなかで、作家の責任について桐野さんが語っていたことを思い出した。「責めをぜんぶ負うこと。作品にたいする毀誉褒貶《きよほうへん》をすべて負う。それしかできない、作家は」

潔い言葉に感銘を受けた。フィクションの登場人物のセリフや振る舞いを、作者の意見の表れだと思い込む人もいる。誤読による批判もあるだろう。

頑張っている母親たちへのエールが、書き方によっては母親たちの生きづらさの原因である社会構造や風習を肯定してしまう。

書くことの難しさは変わらないが、書くことができる場所だけが増えている。だからこそ、書くことに対する責任について、深く考えたいと思った。

2018.2.21

坂本龍一さんが問うた、言葉の檻

今月の初めに、東京駅の近くにあるアーティゾン美術館でダムタイプの帰国展を鑑賞した。昨年のベネチア・ビエンナーレで発表された今回の展示作品には、坂本龍一《さかもとりゅういち》さんも参加されていた。坂本さんが制作した音楽にじっくりと耳を傾けながら、作品の意図を感じようと、時を忘れて展示室で時間を過ごした。

駅に向かう帰りの道すがら、胸のうちから湧き出たいくらかの言葉を、携帯電話で坂本さんに送った。遂《つい》に既読のマークはつかず、次の日の深夜に坂本さんの訃報を知った。伝えたりないことも、尋ねたかったことも、たくさんあった。

坂本さんの言葉に触れたくなって、福岡伸一《ふくおかしんいち》さんとの対談をまとめた『音楽と生命』（集英社）という本を読む。言葉によってすべてを理解しようとする私たちの、しがらみとでも呼ぶべきイメージの檻《おり》を揺さぶるような本だった。ただそこにあるだけの自然に名前をつけ、自分たちのコントロールのもとにあるように考える私たち人間。その傲慢さについての言及にはっとした。思えばダムタイプの展示にも、ランドスケープについての問いかけがいくつもあった。

言葉によって作り上げた世界の、その外側に思いを巡らせる。言葉では言い当てられない何かや、知覚できない何かに対する畏怖《いふ》。その途方もない広大さの前で、書くことの意味や意義を考え続けたい。

2023.4.19

第6章 ここに生まれて、暮らしているから

〈日本人の僕の章〉

「日本」って、「日本人」って、いったい何なんだろう。ふと、そんなことを考える。

歴史ある国だけれど、明治維新以前の人たちや、伝統文化とのつながりを考えると、心もとない。

僕の身近なところで言えば、「ドレミファソラシド」という音階は、長い日本史のなかでも最近になって日本に入ってきたものだ。僕たちはこの音階を何の疑いもなく使っている。演奏する楽器も、西洋のものを使っている。どうして僕たちは、こんなにも西洋の音楽を内面化しているのだろうと不思議に思うこともある。

「日本」と強調されるような表現を見かけることが増えた。その「日本」の捉え方には違和感があって、「明治時代に戻す」ことに執着している人たちも多い。僕が興味を持っているのは、もっと以前からの、この地に脈々と営まれてきたような日本についてだ。どんな宗教観で、どんな芸能の楽しみ方をしていたのか。現代との断絶が大きすぎて、今やわからなくなってしまっていることについて、知りたいと思う。

例えば、様々な場所で歌われたであろう労働歌。日本酒を醸すときの歌もあれば、お茶を発酵させるときの歌もあった。でも、働き方や時代が変わって、継承されずに、誰も歌える人がいなくなったものがとても多い。その歌のなかに、僕たちが引き継ぐべき何かがあるのかもしれないと思う。

文楽に興味が湧いて、以前はよく観に行った。日本の伝統芸能なのに、演じられる台本は意外なことに昭和になってからや戦後に書かれたものが多いのだと聞いた。江戸時代の原本で行われた公演を観たことがあるけれど、言葉の変化もあって、現代の自分の耳では到底理解ができず、テキストの助けが必要だった。それほど遠くなってしまった。

明治維新と終戦という2つの出来ごとによる文化の断絶も、大きかったのではないかと想像する。記録としては残っても、文化を精神的に受け継ぐことの難しさ。ある部分が損なわれてしまったことは、歴史家でない僕ですら感じている。

この「根無し草感」は、もしかしたらアメリカが抱えている感覚と少し似ているのではとときどき考える。ネイティブアメリカンの歴史と文化もあるけれど、基本的には、移民たちが作った国であること。その歴史の短さが、ヨーロッパに対するコンプレックスとして存在していると思う。

だからこそ彼らは、アカデミー賞やグラミー賞、ロックの殿堂のようなものを作って、自分たちの文化や芸術の歴史をそこに刻み、記録することに熱心だ。

アメリカ建国以降の歴史は240年くらいだけど、それよりも分厚いはずの日本の現状よりも、豊かに見える瞬間がある。何であんなに誇らしくいられるのだろうと思う。

僕も「日本すごい」と言いたい。でも、過去とのつながりを思うと、心もとない。

「日本って?」

調べて、学び、考えたい。とても大事な問いだと思う。

本当に日本人？

コロンビアの首都ボゴタのエルドラド国際空港で、ブラジルの地方都市フォルタレザ行きの飛行機を待っていると、どこかの国の家族に話しかけられた。僕よりもひと世代くらい上の母親と、20代前半と思しき息子が壁沿いの地べたに座って、搭乗口のゲートを指さし、何やら僕にたずねてきたのだ。

なんとなく、親子がスペイン語を話しているように感じたので、「僕はスペイン語を話せない」と英語で告げた。彼らは英語をあまり話せない様子だったので、そこからはお互いに発音の怪しい英単語でのやりとりになった。5分くらいのたどたどしい会話を経て、「フォルタレザとはどこの国の町なのか」とたずねられていたことが分かった。

会話のなかで、自分が日本人であることを告げると、母息子は顔を見合わせてから、信じられないというようなそぶりをした。そして、「お前の髪の毛はウェーブしているし、目もつり上がっていない」と、母親は自分の目尻を手のひらで横に引っ張り、キツネのような顔をしながら言ったのだった。

「日本人だって、いろいろな特徴の人がいるんですよ」と、とっさに言い返すことができずに、僕は苦い笑いを浮かべることしかできなかった。

たったそのひと言を伝えるだけのために、スペイン語を勉強したくなった。

2017.8.9

三味線と格闘する

最近、とある作品の制作に使うために、友人から三味線を譲ってもらった。

三味線は本来的な意味での「邦楽」に使われる楽器だけれど、その弾き方や構え方を知っている人は少ないだろう。もちろん、僕もそのひとりだ。

譲ってもらった三味線をケースから取り出したところ、なんと皮を張った胴の部分とギターのネックにあたる棹《さお》の部分がバラバラの状態で収納されていた。つまり、組み立てから自分で行わないといけないということだった。楽器を自分で組み立てるという発想がなかったので、とても驚いた。

仕方がないので、三味線と一緒に譲ってもらった参考書を見ながら、胴にあいた穴に棹を挿し、図説の通りに弦を張った。

ところが、今度は3本の弦の正しい音程が分からない。参考書の通りに弦のテンションを高めていくと、今度は皮が破れてしまわないか不安になって、どうにもチューニングがうまくいかない。結果、演奏をはじめるまでに随分と時間がかかってしまった。

ここ数年、「日本すごいね」や「日本人でよかった」などというキャッチコピーを目にする機会が増えた。僕は邦楽の楽器ひとつとっても、この有り様だ。日本のすごさを発見するどころか、この国の伝統的な文化と接続していないのではないかという不安の方が強い。古典文学だって、原文をまともに読めない。

2017.6.14

亡き人もまた国民だから

ツアーで沖縄へ行く機会があると、僕は南部戦跡を巡るようにしている。那覇市内で原付き自転車を借りて、湿度の高い風を感じながら、ゆっくりと南に向かう。

沖縄本島の南端近くの平和祈念公園には必ず立ち寄って手を合わせる。メインの広場には、戦没者たちの名前が刻まれた石碑が東の海に向かって本を開くように立ち、一つひとつの名前から何かを静かに問うような眼差《まなざ》しを感じる。

那覇まで戻って、北に向かうと宜野湾《ぎのわん》市。米軍普天間《ふてんま》飛行場が街の真ん中に鎮座している。周囲は想像以上にのどかだ。さらに北へ行けば嘉手納《かでな》町。隣接する市町にまたがる東アジア最大級の米空軍基地がある。テロが頻発する世界情勢にあっても、道路を挟んだ道の駅から戦闘機の離着陸を見物できる。「隠すことはない」とでも言いたいような風景に啞然《あぜん》とする。

「国民の代表」という言葉を僕たちはよく使う。その場合の「国民」に含まれるのは、今を生きる僕たちだけだろうか。

平和祈念公園の石碑に刻まれた、戦没者たち。彼らは基地を望んだだろうか。「国民」には、この国に生きてきた死者も含まれるのではないかと思う。その声を想像することも、「国民の代表」が行うべきことだろう。

6月23日の沖縄慰霊の日に寄せて。

2017.6.21

野蛮な世界に在って

戦争で破壊されたウクライナの街々の映像や画像を毎日眺めている。日々のささやかな喜びを実感する瞬間にも、冷たいぬかるみに足だけを浸したような重苦しさを拭い去れないまま生活している。

他国の侵略を防ぐ抑止力のために、日本も核武装をするべきだという記事を目にした。本当にそうだろうかという疑問が浮かぶ。

我も我もと世界中の国々が核兵器を欲する世界を想像する。その果てにすべての国が核武装を終えれば、世界中の戦争や紛争がピタリと止《や》むのだろうか。そのような状況が後押しするのは、私たちが願う平穏でも平和でもなく、暴君の狂気や権力機構の侵略的な欲望ではないかと思う。

お互いを焼き尽くすまで核兵器を撃ち合うのならば、大国の有利は揺るがない。対する小国の核兵器使用への決意は決死のものに見えねばならず、世界が灰と化そうとも核戦争を躊躇《ちゅうちょ》しないような狂気を演出する以外に、抑止力を保つ方法はないだろう。

脱却すべきは、大国がその力で小国に緊張を強いる情勢ではないか。軍事力で張り合うのではなく、国や地域の新しい連帯や共生のための枠組みを作らなければ、力こそが正義であるかのような野蛮な世界のあり方は変わらない。

戦争や核兵器の悲惨さを知る日本こそ、そうした議論の先頭に立って欲しいと切に願う。

2022.4.13

日本語人

先日、作家の温又柔《おんゆうじゅう》さんと対談する機会があった。

温さんは台湾生まれで、3歳のときに家族と共に東京に越してきた。エッセー『台湾生まれ　日本語育ち』(白水社)には、母親の話す言葉から離れて、日本語話者になった温さんの様々な思いが綴られている。

日本語でものごとを考えるけれども、温さんにとって日本語は母語ではない。幼い頃に母親と話した言葉は台湾語交じりの中国語（北京語）だった。国籍が日本ではないので、日本語は母国語でもない。そうした中ぶらりんのような場所から、温さんは国籍や言語について思いを巡らせる。

温さんの思索は、アジアの歴史にも突き当たる。

国籍ひとつとっても、台湾は現在進行形で引き裂かれた場所だと言える。政治的な立ち位置はとても難しい。言語においては、日本の統治下で台湾語から日本語に「標準語」が変更され、太平洋戦争後は中国語が強制されたという。

シンプルなアイデンティティーに着地しない温さんのエッセーを読むと、国籍や母国語とは何かと考えざるを得ない。例えば、日本で生まれ日本語だけしか話せないということは、日本人であることの条件ではない。国家は理解できる言語と別のボーダーを私たちに強いる。

対談のなかで、僕と温さんは自分たちを「日本語人」と呼んだ。「日本人」よりも境界線の柔らかい、印象的な言葉だった。

2018.7.18

大相撲という信仰

舞鶴《まいづる》市と宝塚《たからづか》市で行われた大相撲巡業を巡って、土俵の女人禁制の是非についての議論が起きている。

性別を理由に土俵への入場を拒まれるのは、今日の男女平等に対する一般的な感覚と乖《かい》離《り》している。同じ市長という役職であるならば、男女で差をつけるのはおかしいと僕は思う。一方で、大相撲自体を信仰だと考えると、外野から意見することに少しのためらいがある。

大相撲にはスポーツだけでなく、伝統芸能や見せ物としての性質、あるいは神事や儀式など、いろいろな要素が混じり合っていて、一言でスパッと分別できない複雑さがある。そうした言い切れなさのなかには、大相撲に携わってきた人たちや、支えてきた人たちの信仰が含まれていると思う。

信仰とは経験や知識を超えた存在を信頼し、自己を委ねることだ。土俵が神聖だという考えは、信仰そのものだ。無遠慮な言葉で踏み入るのは気が引ける。こうした信仰を包み込むのは、多様性について寛容な社会だろう。公共放送でふんどし姿の男たちのレスリングが中継されていることは、僕たちの社会のおおらかさの表れだと思う。

日本相撲協会には、女性を差別せずに土俵の神聖性を守るような解決策を望みたい。大相撲もまた、多様な価値観に対する包容力によって存在するのだから。

2018.4.18

「本当の日本」の端っこ

今年の夏に、ロック雑誌で連載していた短編小説をまとめて、『YOROZU～妄想の民俗史～』（ロッキング・オン）という本を作った。ロックと民俗史がどうつながるのかという疑問を持つ人が多いと思うけれど、教科書に載ることの少ない庶民の歴史と、ロックなどの大衆音楽には共通項があるのではないかと感じる。

民俗史について書いてみようと思ったのは、網野善彦《あみのよしひこ》や宮本常一《みやもとつねいち》らの著書を読むようになったことがきっかけだった。

学校の社会科や日本史の授業で取り上げられるのは、権力者についての歴史であることが多い。歴史資料も同じように、権力者についての古文書はたくさん残っているけれど、庶民の風習や文化については、あまり文献が残されていないそうだ。

ところが、そうした少ない文献をもとに編まれた民俗史の本を読むと、僕たちが学校で教わった「日本」がガラガラと崩れるような、本当の「日本」の端っこに触れたような気分になる。

教科書に書かれた太文字の見出しや年号の後ろには、書き残されなかった庶民の歴史が無言のまま、堆《うずたか》く積みあがっている。前線で命を落とした名もなき足軽の思いは、想像する以外に方法がない。今を生きる市民の思いも、書かなければ消えてしまう。

歴史小説の執筆は、書き記すことの政治性について考える機会でもあった。

2017.12.27

最も静かな記念日

今年のアメリカの独立記念日。僕は自分のバンドのワールドツアーでロサンゼルスに滞在していた。

友人の家に遊びに行くと、彼は玄関先に青いTシャツと赤いズボンで現れた。独立記念日に合わせて、アメリカ国旗をイメージしたコーディネートであることがすぐに分かった。夜には、街のあちらこちらで記念日を祝う花火が打ち上げられていた。イベントなどの大きな仕掛け花火もあれば、個人が勝手に道路脇で打ち上げる小さなものもあり、宿泊するホテルのロビーにまで、火薬のにおいが漂っていた。テレビをつければ様々なチャンネルで、アメリカ国旗をバックに人気歌手が歌っていた。

アメリカ人はアメリカ合衆国のことが、とても好きなんだなと思った。特別に構えたところのない、無邪気な愛国心をまぶしく感じた。少しだけうらやましくもあった。

日本人はどうだろうか。

多くの市民が近しい感情を共有するのは、真夏の終戦記念日だけかもしれない。それでも、各地で捧げられる静かな祈りが、お祭り騒ぎよりも僕たちには合っているように感じる。

アメリカの独立記念日は約２４０年の歴史がある。

同じくらい祈り続けていけば、観光客がうらやむ平和の祭典になるのかもしれない。きっと世界で最も静かな記念日だろう。僕は、そんな日を夢想する。

2017.7.26

改元の日に、読み返す

平成が終わり、元号が令和に変わった。

正月を迎えたように盛り上がる人たちもあったけれど、僕はその波に乗り切れないでいる。

様々な差別を撤廃し、誰にでも機会の開かれた公正な社会を目指しながら、人類は歩みを進めていると僕は信じている。

天皇制はそうした考え方と食い違う性質を持っている。生まれながらに特別な役割を持つ人の存在を認めることは、生まれながらに卑しい人の存在を認めることと同じだからだ。天皇制を守りながら、制度がはらむ差別的な性質を乗り越えてゆこうという意思を、多くの国民や社会からは感じない。

例えば、天皇と皇族のプライバシーは守られず、恋愛や進学などの私事についてまで報道されて、エンターテインメントのように消費されている。この国と国民の統合の象徴としての役割を担うだけでなく、基本的人権を制限される立場を生まれながらに引き受ける天皇とその家族の苦労を思うと、言葉を失う。

出自による差別は不当だという認識が、今日の社会に広く行き渡ることを望むが、天皇制の前で僕は沈黙している。

天皇の地位は「国民の総意に基く《もとづ》」のだと、憲法に記されている。令和の時代に読み返し、語り合うべき、重い一文だと思う。

2019.5.8

稀勢の里、引退

稀勢の里が引退した。

横綱に昇進後、初めての場所で負った左大胸筋の部分断裂という大けが。仮定の話をしても彼の引退は撤回されないが、あのけがさえなければと思う大相撲ファンは、僕以外にもたくさんいるだろう。

稀勢の里はマスメディアによって、「日本出身の横綱」という過剰な期待を背負わされ続けた。しかし、ままならない体とのギャップに少しずつ魂を削られて、心のあり方と技術がバラバラになってゆくように、僕の目には映っていた。彼の相撲人生を、ある種の熱狂が消費してしまったのではないかと感じる。

まだ平幕力士だった彼が、白鵬の連勝記録を止めた一番が思い出深い。当時の大相撲は客入りが芳しくなかった。それでも、その週末には不滅の大記録が打ち立てられて、人気回復のカンフル剤になるはずだと僕は興奮していた。ところが、稀勢の里は本場所が始まって早々、堂々たる相撲で白鵬を土俵下に突き落としたのだった。取組中、思いがけない分の悪さに焦る白鵬を見るのは、大の白鵬ファンとしてはつらかった。画面に向かって「空気を読めよ」と声を出してしまった。

その後、稀勢の里の好機には、目の色を変えた白鵬がことごとく立ちはだかった。ふたりの対戦が見られなくなるのがさびしい。

2019.1.23

日本語しか話せない少年

数年前に、コンサートツアーではじめてブラジルに行った。

現地での空き時間に、通訳なしでも簡単なものなら食べられるだろうと、ショッピングモールのフードコートへ出かけた。ところが、シュラスコ店のスタッフには英語がまったく通じず、好みの牛肉ひとつ注文できなかった。途方に暮れながら、硬くてにおいの強い肉を食べ続けることになった。

英語が少し話せれば、世界のどこへでも不便なく行けるわけではない。はじめて言語圏の存在を意識した体験でもあった。

日本語しか話せないイラン国籍の少年の記事を読んで、ブラジルでの体験を思い出した。父親のオーバーステイが原因で、少年には退去強制の令書が出されているという。法的には仕方のないことなのかもしれない。けれども、日本語しか話せない少年をイランに行かせて、なじみのないペルシャ語圏で生きてゆけというのは酷ではないかと思う。アルファベットを使うポルトガル語ですら僕は読み書きができない。ペルシャ文字は暗号にすら見える。少年も同じだろう。

親の責任を子が負わされる必要があるのだろうか。少年は誰かの子である前に人間なのだから、人間らしく暮らす権利がある。

彼を一員として迎え入れるくらいの包容力が、この国にあって欲しい。

2019.3.6

国籍というユニフォーム

いわゆる入管法改正の問題についての記事を読みながら、私たちのある種の不寛容さの源泉について考えている。

思い出したのはフランスの現代アーティスト、クリスチャン・ボルタンスキーの言葉だった。父親がユダヤ人である彼はインタビュー集『クリスチャン・ボルタンスキーの可能な人生』（佐藤京子訳、水声社）のなかで「ノーマルで思慮分別もあり、子供を可愛がる人間が、善の名の下に何百万人という人々を殺すことができる」と、ナチスについて言及する。そしてこれは「誰にでも起こりうる」ことだと続ける。例えば、軍人たちは同じユニフォームを着ることで個ではなくグループの一部となり、自覚や意思といった主体が不在になる。ゆえに、殺すこともできるのだと。

私たちも、そうしたユニフォームとは無縁ではない。自由な服装で暮らしていたとしても、外国人の出入国をめぐる法案について考える際には、日本人という精神的なユニフォームをまとい、法の対象となる彼らには外国人というユニフォームを着せる。

私たちそれぞれに人生があるように、難民申請をする彼らにもそれぞれの困難と事情がある。生まれながらに決められた国籍というユニフォームをもとに、個としての誰かを踏みつけることの恐ろしさを思う。それはクリスチャン・ボルタンスキーが言うように、ホロコーストともつながりのある人間の愚かさのひとつではないか。

2023.6.14

「訪問者」だから見えるもの

ロサンゼルスから友人夫妻が遊びにきた。

ふたりはミュージシャンなので、一緒にスタジオに入っていくつかの新曲のアイデアを試した。とても楽しい時間だった。

音楽だけではなく、日本の町々の印象についての話もした。いわく、数年前に来日したときよりも、少し元気がないように感じるとのことだった。

住んでいる町や地域の雰囲気を客観的に感じることは難しい。訪問者だからこそ感じることもあるだろう。自覚しにくいだけに「数年前より元気がない」という言葉は重かった。

また、「日本の食べ物は安くておいしい」という話題でも盛り上がった。

思い起こせば、ツアーやレコーディングで滞在した欧米の町では、日本で同じものを食べるよりも割高だと感じた。500円玉1枚の会計で、安心して食べられるランチや定食を見つけることはできなかった。海外での仕事を済ませて帰国する度、「安くておいしい」食事と接客サービスの質の高さに感動する。観光客も同じだろう。

けれども、生活するうちに感動が薄れて、店員の些細《ささい》なミスにイライラしてしまう。日常に宿る安価で高いサービスへの欲心と潔癖さが、誰かのエネルギーや経済力を奪っているのだとしたら恐ろしい。

町ごと元気にするのは難しいが、せめて朗らかな人間でありたいと思った。

2018.6.6

第7章 そもそも僕たちはいつだって傲慢だ

〈震災の章〉

東日本大震災は、東京とそれ以外の地域の非対称性を顕著に表した気がする。

興味も労働力も、東京に引き上げていった。「復興」が、東京に利益を集中するための言葉に変わってしまった。震災からオリンピックへ。地方で作られ、東京に送られるエネルギーも同じだろう。そうした強固な社会の構造を見せつけられた。

社会は自動操縦のように勝手に進んでいって、誰かに舵取りを任せていればなんとか維持されていくだろう。そのなかで臨機応変に振る舞ってさえいれば、著しい不利益を被ることはない。もしかしたら僕は、そう思い込んでいたのかもしれない。だからこそシニカルに、冷笑的に政治に対して接していられた。いや、距離を取って、接して来なかったのだ。

大震災や原発事故を経験して、いよいよそうは言っていられなくなった。社会に対して無関心でいることは避けられず、ひとりの大人として、市民として、この先に沈黙を貫くのはとても恥ずかしいことだと思った。

もちろん、反省もした。こんなにも歪《いび》つな不具合が生まれているのは、僕たちが政治や社会活動に参加してこなかったからだと思った。

「助けたい」と頭のなかで思っているだけでは、誰も助からない。どんなに小さな力であっても、スコップを持って災害の現場に行く。物資を持って避難所へ行く。そうした仲間たちの行動にも触発された。

デモという行為について、抵抗感がなかったといえば嘘《うそ》になる。集まって歩く。声を上げる。それに何の意味があるのだろうと、以前は疑問に思っていた。

脱原発・反原発を叫ぶデモに実際に参加しながら、身を持ってその意味や意義を学んだ。人々が街に出て、自分ごととして怒りや違和感を表明すること。そのエネルギーは凄まじかった。そこに人が集うことの強さを知った。

電車に乗ってたくさんの人が官邸前に集まってくる。それぞれのローカルとしての身体が、集結する。怒りや抗議が身体性を持って、そこに実在すること。なかったことにはできない、確かな力がそこにはあった。

この国では、ミュージシャンが政治や社会について発言することは、リスクのひとつだと考えられている。端的に言えば、商売のために黙するという態度だ。

一方で、「ロックミュージシャンなのだから、我らの先頭に立って、発言してくれよ！」という期待を押しつけるのは、卑しいことだと思う。彼らは誰かの思いを代弁するための装置ではない。何かを言わせるのは、何かについて黙らせるのと同じことだと思う。

僕は自分で考えて、僕なりのやり方で発信を続けていく。失敗や反省や後悔も尽きないだろうけれど、以前のような態度に戻ることはできない。

社会や政治にどうやって参加するのか。それは職業にかかわらず、それぞれの問題だと思う。

置き去りにしない「福興」へ

福島県の南相馬《みなみそうま》市で行われた「追悼福興花火」に参加した。

東日本大震災が起きた直後の南相馬市は、原発事故の影響で、被災者の救助や行方不明者の捜索が遅れていた。厳しい状況のなか、上野敬幸《うえのたかゆき》さんを中心に地元の消防団が救助活動をはじめた。彼らは「福興浜団《ふっこうはまだん》」という団体を結成して、今日まで行方不明者の捜索活動を続けている。

上野さんと知り合ったのは、僕が仲間たちと自費で製作し発行を続けているフリーペーパーの取材がきっかけだった。亡くなった上野さんの両親と2人の子どもの話を聞きながら、涙を流す以外に何もできなかった。この地に暮らす人々の心に土足で上がり込んだような気分になって、罪悪感でいっぱいだった。

その年の夏から毎年、「福興浜団」が主催する花火大会の片隅で歌わせてもらっている。今年で5回目だ。

近くの海辺は数年前にコンクリートで護岸された。上野さんは当時、「海岸で遺骨の捜索ができなくなってしまう」と、性急な護岸工事への違和感を語ってくれた。それぞれの思いを置き去りにして、土木的な分野での復旧を目指すことが復興ではないのだと、気付かされる言葉だった。

自分にできることを考えると途方に暮れる。それでもせめて、寄り添うように在りたいと思った。

2017.8.30

やがて、僕たちはそこに還る

先日、坂本龍一《さかもとりゅういち》さんと高谷史郎《たかたにしろう》さんのインスタレーション、『設置音楽2』を体験しに行った。

部屋の両サイドに設置された、ランダムに明滅する正方形の画面とスピーカー。様々な周波数の音のなかを歩んでいくと、スペースの奥には静かに1台のピアノが設置されていた。ピアノは東日本大震災で被災した、宮城県名取《なとり》市の高校のものだという。

音を等分割した鍵盤は音楽だけでなく、人工物の象徴と考えることができる。津波に洗われたピアノは、弦がさび、あるいは切れて、調律が狂ってゆく。「自然に還《かえ》っていく」と坂本さんが映画『Ryuichi Sakamoto:CODA』（スティーブン・ノムラ・シブル監督、2017）のなかで語っていたことを思い出した。

展示スペースのいろいろな場所にたたずんで、耳に届く音に意識を傾けた。ピアノは暗がりに静かにたたずんで、以前は鮮明だった会話と記憶の断片を思い出したかのように、訥々《とつとつ》と発音するのだった。音は耳に届き続けたけれど、詩的な沈黙のなかにいるようにも感じた。7年前の震災のことを思い出して、哀悼と祈りが胸の奥に立ち上がった。

やがて僕たち自身も「自然に還っていく」。僕がこれまでに録音した音楽も鳴りやむ日が必ず来る。自然のかたちを自在にしようと試みる人間の傲慢《ごうまん》さ。音楽の美しさも、そうした傲慢さのただなかに存在している。

2018.1.31

そこで歌えなかったら

震災から7年が経った。

3月11日のことは鮮明に覚えているけれど、それから数カ月間のことは断片的にしか思い出すことができない。

福島第一原発の爆発事故の影響を恐れて、僕は静岡の実家に身を寄せた。食べ物や飲み物、寒さをしのぐ毛布や住居、何ひとつ不自由のない生活のなかで、安堵《あんど》よりも後ろめたさがずんずんと大きくなっていったことを覚えている。

僕は居ても立ってもいられなくなり、静岡の楽器屋に行って録音機材を買いそろえ、楽曲を制作して発表した。大震災の発生から1週間後のことだった。音楽が何の救いになるかは分からなかったが、自分も含めて、これから被災地に力を送ろうという人たちへの必死のエールだった。

すぐに不謹慎だとか、自己満足だという言葉が飛んできたけれど、ここで何も歌えないなら、僕が表現者である意味はないと思った。

そして、東京に戻った。

両親からは、状況が落ち着くまで実家にとどまるようにすすめられた。混乱する首都圏に住む人たちと同じように戸惑いながら生きることが、歌を作る僕が引き受けるべき役割なのだと両親に告げた。

戻ってすぐに、東京では雨が降った。ミュージシャンの仲間たちと集まって、チャリティーライブについて話し合った。

7年前の3月21日のことだ。

2018.3.21

災害支援、微力だけど

西日本を記録的な豪雨が襲った。

ニュースを見聞きする度に、被害を表す数字は増え続けている。今回の災害の全体像が、いまだに把握されていないのだということを思い知って、胸が痛む。

東日本大震災のときには、遠く離れた町で祈る以外に術《すべ》がなく、家族や友人の安全を考えてうろたえるばかりだった。自分の無力さを情けなく思った。しばらくして、被災地支援に乗り出す人々や仲間たちの背中を眺めながら、ゆっくりと自分にできることを探した。

人命救助においては、少しの時間も無駄にすることはできない。ところが、支援物資やボランティアなど、僕らにもできることについてはスピードよりも質が求められた。どこで誰が何を必要としているのかを知り、それにこたえることが重要なのだということを学んだ。

復興や復旧には時間がかかるのだということも、現在進行形の大きな学びだと思う。継続的な支援が今回も必要だろう。

世間の関心が薄れるなかで、避難生活を続けている人たちがいる。そして、そうした人たちのために、今でも物資を集める仲間がいる。

国連で核兵器廃絶を訴える高校生平和大使の言葉を思い出す。「微力だけど無力じゃない」。自分にできることはあるだろうかと悩みながら、何度も唱えている。

2018.7.11

安心と安全の溝

震災から間もない頃、有機栽培を志して福島に移住した農家を取材したことがある。放射性物質の実害や、安全な作物まで忌避される風評被害が存在するなかでうかがった「安心と安全はちがう」という言葉が心に残っている。

科学的に安全であるという事実と、心理的な問題である安心の間には、ときに大きな溝が存在する。法令が定める数値を守り、放射性物質の濃度を飲めるほどまで希釈したという処理水についても、同じことが言える。科学的には安全なのかもしれないが、安心の問題が残る。

試験操業と検査によって安全を積み上げ、海産物への不安を払拭《ふっしょく》するために、関係者は努力してきただろう。それを思うと、安全と安心の間に横たわる問題を沿岸の住民や関係者たちだけに背負わせるのはフェアでないと感じる。福島第一原発で発電された電気は東京電力の管区に送られていた。大消費地である東京はもちろん、処理水の海洋放出による安心への影響は、多くの人が当事者として引き受けなければいけない問題だ。

公共の富を指す、コモンという言葉を最近よく目にする。美しい海や自然はコモンのひとつだろう。発電所や送電線もコモンであるという論文も読んだ。

原発事故の諸問題は公共の負債ではないか。一部の地域の住民だけでなく、皆で背負うのが筋だ。

2020.10.21

生き延びた僕は、僕に問う

東日本大震災から１０年が経ち、

今年も３月１１日が過ぎていった。

大地震の当日は東京で仕事をしていた。車の連なる高速道路はジリジリとしか進むことができず、自宅近くの避難所に辿《たど》り着いた頃にはすっかり日も落ち、辺りは停電で真っ暗だった。本当に長い一日だった。

翌朝からは、困難が目の前に押し寄せるのではなく、事態の大きさを把握しながらじっくりと自分の無力さを思い知り、戸惑いが日に日に膨らんでいった。その日々と地続きの現在を僕は生きている。

３月の終わりになると、音楽が不謹慎だと言われ続けるなかで仲間たちとコンサートを再開させたことを思いだし、５月になれば大船渡《おおふなと》や陸前高田《りくぜんたかた》、石巻《いしのまき》と南相馬《みなみそうま》へ支援活動に行ったときのことを思い出す。破壊された家々や、積み上げられた瓦礫《がれき》の前で呆然《ぼうぜん》とするしかなかった。

午後２時４６分ははじまりに過ぎず、それぞれの時間と震災体験が積み重なっている。

個人的な思いを書けば震災はまだ続いていて、区切ることができない。黙禱《もくとう》の間には、あの日の誰かに向かって、毎年「逃げて」と念じてしまう。

そして目を開いて、考える。自問する。

震災を生き延びた僕たちは、より良い社会を築いてこられただろうか。同じことが現在に起こるならば、より多くの命や暮らしを救えるだろうかと。

2021.3.17

震災と震災後の境界線

小説家の古川日出男《ふるかわひでお》さんが執筆したノンフィクション作品、『ゼロエフ』（講談社）を読んだ。「復興五輪」に重なる日程で、古川さんは地元である福島県を縦断する国道4号線と6号線を踏破する計画を立てた。オリンピックの熱狂の裏で被災地を取材することが持つ批評性を思う。それはある種の告発の意味もあったのではないかと想像する。

オリンピックは延期になったが、古川さんは計画を実現させた。

旅のなかで古川さんは、様々な「内」と「外」を行き来する。身を切るように故郷と向き合い、宮城県と福島県の境で、避難指示区域の境で、取材者として逡巡《しゅんじゅん》する。また、目視できない境界線の存在について、見えない放射性物質について、報道されなかった被災地の実情について、全身を使って考える。

あらゆる復興事業が、目には見えないものと私たちを隔てているのではないかと、古川さんは考察する。例えば、死者。巨大防潮堤が海と陸を隔てるように、あの世とこの世を隔て、死者を排除するイメージが彼の脳裏を過《よ》ぎる。

オリンピックは、震災と震災後に境界線を引くのだろうか。そして、輝かしい未来を眺める視線を演出しながら、様々な過去を不可視な場所に追いやるのだろうか。

この夏にこそ、読まれるべき一冊だと思った。

2021.3.31

リスクの偏在

10年以上前に「大人の社会科見学」と題して、コンサートツアーの移動日に様々な施設を訪ねていたことがある。米軍基地、使用済み核燃料の再処理施設、原発建設予定地、かつて炭鉱として栄えた島などへ行った。それらの多くは想像以上に都市から離れた場所にあった。

ニュースで見聞きした場所と、自分が住んでいる街やコンサート会場からの長い道のりと移動時間を体感することは、大きな学びになった。そして自分が無自覚に得ている利益と、前述したような施設のある地域が引き受けているリスク、その非対称性について考えて後ろめたい気持ちになった。

「コントロールできるリスクは許容して、大きなベネフィット（利益）を得る」。これは福島第一原発から出る処理水の海洋放出に賛成を表明する際、与党会派の政治家がツイッターに投稿した言葉だ。汚染水のタンクが増え続けるリスクの軽減は理解できるが、処理水を海洋放出したとしても様々なリスクを背負い続けるのは現地の人たちではないか。いわゆる「東京」が引き受けるべきリスクについて考えないのは、無責任だと思う。

それは自分自身に対しても言えることだ。生活のなかで得ている利益の先にあるリスクの偏在を想像できているだろうか。特定の地域にだけ負担が集中しないように、リスクを引き受ける覚悟があるだろうか。

2021.4.14

何度でも生き直すように

東日本大震災から11年。また春が来た。

大震災の当日は都内でツアーのリハーサルをしていた。スタッフの車に乗り合わせて、なんとか神奈川県の自宅にまで辿り着いたが、それから後のことは時系列を上手《うま》く思い出すことができない。ニュース映像の数々に打ちのめされながら、しばらくは無力感でいっぱいだった。

原発事故の詳細が分からないなか、家族のために被災地へ向かった友人とのやりとりを覚えている。「一度死んだつもりで行ってきます」という短文にはっとした。生き直すという言葉が脳裏に浮かんだ。幸運にも生き延びることができた自分の命を、人生を、誰かのために使おうと決心した瞬間だった。

それ以来、社会における自分の役割について考え続けている。

震災直後はすべての娯楽が不謹慎だとされた。私たちを取り巻く状況や、社会の空気がひとたび強張《こわば》れば、音楽を楽しむ場が失われるのだと痛感した。天災を避けることは難しいが、社会の空気を強張らせないための努力はできる。音楽活動に没頭するだけではなく、身を投げ出すように社会や政治に参加しなければと思うようになった。

疫病や戦争。私たちを強張らせる問題が次々に押し寄せてくる。身も心も硬直しそうだけれど、何度でも生き直すように、為《な》すべきことを考え続けたい。

2022.3.16

忘却と喧騒の外側で

福島第一原発の事故から全町避難が続いていた福島県双葉町《ふたばまち》で、新しい役場庁舎が開庁した。役場機能が町に戻るのは11年半ぶりだという。

今年の2月に双葉町を取材する機会があった。当時は町のほとんどが帰還困難区域に指定されていたため、立ち入りが自由だった特定復興再生拠点区域であっても、工事の作業員などを除けば住民の気配は感じられなかった。夕暮れの町に灯《とも》る、真新しい双葉駅の明かりが印象的だった。どこか寂しげだが、希望の光のようにも感じた。

震災からの復興を掲げて誘致が宣伝されたオリンピックは、パンデミックによってウイルスと戦うための旗印となり、スポーツ選手の躍動という成果以外には、汚職や分断、レガシーという呼び名の負債を社会に残したのみで、人々の興味も復興の遥《はる》か彼方《かなた》へ過ぎ去ってしまったように感じる。そうした喧騒《けんそう》の外側で、地域の復興のために歩む人たちがあることを忘れるわけにはいかない。

地方の小さな町に原子力政策のリスクを背負わせたまま、政府は原発の新増設に舵《かじ》を切るのだという。いわゆる「東京」が最大の受益者である構造は変わらない。一体何が改善されたというのだろうか。

実利のためなら誰を踏みつけても構わないという旧来の政治や社会の構造が、現在や未来に踏みつけるのは誰なのだろうか。

2022.8.31

あとがき

こうして読み返すと、普段の自分の書き言葉や話し言葉とは違って、余所《よそ》行きの文体だと感じる。

人間にはそれぞれ唯一の、確固たる自分というものがあるというのは錯覚で、他者との関係のなかでこそ、その人の性質が発揮されると僕は思う。様々なコミュニティを貫いて、同じ役割を担う人は稀だろう。例えば、職場や学校で朗らかな誰かが、家庭内ではひどく塞ぎこんでしまうこともある。どちらかが本当の性質なわけではなくて、どちらも関係性のなかで発露したその人の個性だ。そうしたキャラクターの分裂は、人との関わりのなかで引き起こされている。平野啓一郎さんの『私とは何か――「個人」から「分人」へ』（講談社現代新書）、カルロ・ロヴェッリの『世界は「関係」でできている――美しくも過激な量子論』（NHK出版）を読んで、その思いが強くなった。

僕も例外なくキャラクターが分裂している。

「朝からロック」の原稿を書くときには、朝日新聞の読者を想定する。実際にどんな人が読むのかを目の当たりにすることは難しいけれど、想像上の読者と、その背後に広がる社会を思わずに言葉を綴ることはできない。ゆえに、普段の自分よりいくらか社会的な性格が文章に表れているし、文体もややかしこまっている。だからといって自分を偽って書いているというわけではなく、普段の音楽活動では交わらないような人たちとの言葉のやり取りを想像し、また、新聞という媒体の役割を考えて、言葉を選んでいるだけのことだ。

そういう姿勢で書いた文章をまとめて読むと、とても不思議な気持ちになる。普段の僕はこんなに誠実な人間ではないし、ズボラで、ときに狡く、しょうもないやつだと申し開きたい気分になる。けれども、こうした誠実さや生真面目さがまったくないと思われるのも癪で、不真面目なことや不埒なことを考えたりやったりした後で、社会問題やひどいニュースに心の底から憤ったりもするのだ。なんとも厄介で恥ずかしいことだが、それが人間らしい姿ではないかと思う。

連載の仕事を依頼してくれた岡田慶子さんに感謝している。朝日新聞がロックミュージシャンに連載を依頼するなんて世も末ではないかと少し思ったけれど、連載を続けるなかで、自分という得体の知れない存在の一面にじっくり向き合うことができた。抽象的で分かりづらい僕の表現にも「それはどういう意味なのか」と粘り強く問い続けてくれた。彼女なくして自分の文体の整理は叶わなかったと思う。

　途中から担当になった定塚遼さんは、毎回長文の感想を送ってくれた。とてもありがたかった。僕のバンドのメンバーは、僕が送った新曲のデモ音源について、スマートフォンのアプリで「お疲れさま」くらいしか送ってこないことが日常だけれど、彼はいつも僕の原稿のどこがもっとも興味深く、どこがもっとも分かりにくいかを熱心に伝えてくれた。楽器の演奏が上手であれば、彼をバンドの新メンバーに迎えたいくらいだ。

　編集担当の森さんの情熱にも感謝している。昔から、自分よりも何かに盛り上がっている人と接すると、その対象についての興味が著しく低下するという天邪鬼な性質が僕にはあったけれど、僕よりもこの本の制作と編集に熱心に取り組む森さんと一緒に仕事をしながら、少しだけ精神が盛り下がりそうになったことを正直に書いておくけれども、最終的には森さんの情熱と気遣いなくして、この本が完成することは絶対になかったと思う。

　そして何より、僕の友達や知り合いのお母さんたちの言葉に励まされ続けた。改めて、ここに感謝の気持ちを綴りたい。ありがとうございます。機会があったら、僕の音楽も聴いてみてください。

ありとあらゆる誤解にまみれて、僕と僕のロックンロールは転がり続けている。しかし、毎週、途中からは隔週の水曜の朝に重ねた言葉がいくらかの思い違いを解いて、想像上の僕や偶像やアイコンとしての僕とあなたの距離をやんわりと縮めたり、悪意や好意をほどよくならしたり、あるいはそれと似たようなタッチで、誰かと社会との隔たりが少しでも狭まることを願う。私たちはたった一度も会わない誰かと、関係している。

というわけで、しばらくは、また隔週の水曜の朝に。

後藤正文

初出

本書掲載のコラムは、朝日新聞朝刊の連載「朝からロック」２０１７年4月5日～２０２３年6月14日掲載分のなかから厳選、一部加筆・修整し、再構成したものです。時制、人物名とその状況、作品やイベントの名称などは連載執筆当時のまま記載しています。なお、新聞掲載日は各節の最後に記しています。

後藤正文　ごとう・まさふみ

1976年静岡県生まれ。ASIAN KUNG-FU GENERATIONのボーカル&ギターを担当し、ほとんどの楽曲の作詞・作曲を手がける。Gotch名義でソロ音源も発表。近作では『Lives By The Sea』。レーベル「only in dreams」主宰。新しい時代やこれからの社会など私たちの未来を考える新聞『THE FUTURE TIMES』の編集長も務める。2018年からは新進気鋭のミュージシャンが発表したアルバムに贈る作品賞『APPLE VINEGAR -Music Award-』を立ち上げた。著書に『何度でもオールライトと歌え』『凍った脳みそ』（以上、ミシマ社）、『YOROZU ～妄想の民俗史～』（ロッキング・オン）、『INU COMMUNICATION』（ぴあ）など。

朝からロック

2023年10月30日　第一刷発行

著者　後藤正文
発行者　宇都宮健太朗
発行所　朝日新聞出版
〒104-8011　東京都中央区築地5-3-2
電話　03-5541-8814（編集）
03-5540-7793（販売）
印刷製本　大日本印刷株式会社

ISBN978-4-02-332295-0
定価はカバーに表示してあります。